ニコラ学園——
それは、恋と友情にときめく、
新しい出会いが
生まれる場所。

それは、恋と友情に悩《なや》み
大人への一歩を踏《ふ》み出《だ》した、
新しい自分に
出会える場所――。

ニコラ学園

楽しい学校生活ヒントブック

「ニコラ」編集部 監修

Gakken

ようこそニコラ学園へ

こんにちは！　私たちはニコラ学園の生徒会メンバーです。
突然だけど、みんなは学校生活を楽しんでるかな？
楽しいことがたくさんあるけど、その反面、
友だちとうまく話せなかったり、
好きな人にふりむいてもらえなかったり、
部活の上下関係がむずかしかったり…
悩《なや》むこともたくさんあるよね。
そんなみんなに、私たちが
学校生活をもっと充実させるための
コミュニケーションテクニックをアドバイスするよ。
みんなの学校生活の手助けになったらうれしいな。
一緒に楽しいスクールライフを送ろうね！

ニコラ学園生徒会メンバー一同

会メンバー紹介

中3 コハナ

生徒会長

明るく、みんなのムードメーカー。誰とでもフレンドリーに話すことができるので、男女問《と》わず友だちが多い。

kohana

中2 シャノン

趣《しゅ》味《み》は少女マンガを読むこと。人《ひと》見《み》知《し》りでちょっぴり内《うち》気《き》な性格。自分にはないものをもっているミユウをリスペクトする。

shannnon

中1 ルナ

しっかり者で、先輩とも仲よくできる気のきく性格。同じ小学校だったリリカのことを妹みたいにかわいがっている。

runa

ニコラ学園生徒

中3 フタバ

副生徒会長

女子力が高く、男子のあこがれ的存在。しっかり者でめんどう見《み》もよく、生徒会長・コハナのこともさりげなくフォロー。

futaba

中2 ミユウ

トレンドにびんかんで、おしゃれをするのが大好き。サバサバした裏表《うらおもて》のないキャラだけど、正反対の性格のシャノンと親友。

miyuu

中1 リリカ

天真爛漫《てんしんらんまん》な性格で、ニコニコ笑顔がチャームポイント。たまに見せる天然な一面《いちめん》も、みんなから愛されるポイント。

ririka

撮影スタッフ

【表紙・マンガ】

ニコラモデル

有坂心花、小松崎ふたば、伊藤沙音、松田美優、白尾留菜、梨里花、犬飼太陽

カメラマン

藤井大介

スタイリスト

山下亜梨沙

ヘアメイク

吉田美幸

【その他ページ】

ニコラモデル／メンズモデル

青山姫乃、阿部ここは、有坂心花、池未来実、伊藤沙音、榎本月海、太田雫、川原美杏、河村果歩、北川花音、国本姫万里、組橋星奈、小松崎ふたば、近藤藍月、近藤結良、佐藤菜月海、白尾留菜、髙橋快空、田中南、野崎奈菜、林美央子、林芽亜里、平澤遙、深尾あむ、藤野有紗、星名ハルハ、星乃あんな、松田美優、湊胡遥、宮本和奏、吉岡優奈、吉本麗南、凛美（五十音順）

犬飼太陽、今井暖大、内田蓮、大倉空人、懸樋大晴空、河島英人、久野渚夏、古川龍太郎、八田大翔、丸田怜音、南龍和、宮本龍之介（五十音順）

カメラマン

千葉タイチ、堤博之、野口マサヒロ〔WIND〕、藤井大介、藤原宏〔Pygmy Company〕
布施鮎美（五十音順）

スタイリスト

大橋美紀、山下亜梨沙（五十音順）

ヘアメイク

赤川恵、都築ヒカリ、長門明里〔B★side〕、沼田真実〔ilumini.〕、吉田美幸（五十音順）

制作スタッフ

デザイン／ragtime
編集・構成／池戸里奈
執筆／山崎永美子
小説／眞波蒼
イラスト／やsい
編集協力／「ニコラ」編集部（新潮社）
DTP／四国写研

※本書は、雑誌「ニコラ」2020年4月号～2024年6月号掲載の記事を再編集して制作しています。

index

目次

コミュニケーションのヒント

第1章

友だち編

friend

話が続かなかったり、返答にこまったり…友だちとのコミュニケーションって悩《なや》むことが多いよね。そんな友だち関係がスムーズになるテクやコツを紹介するよ！

キーンコーンカーンコーン

はぁ〜

どうしたのミユウ？元気ないじゃん
コハナ先輩、フタバ先輩!!

実は…
新しいクラスの子たちとあんまりうまく話せなくて
会話が続かなかったり…
…
トークがからまわりしちゃったり

わかる、わかる！
私は人見知りしすぎて緊張してた
私は自分の話ばっかりして失敗したよ
どうしよ～
でね、でね～

もちろん！ でも、コツを知ってからは友だちと話すのが好きになったよ！

先輩たちでもそんなときがあったんですか!?

それを聞いて自信がわいてきました!!
そのコツ教えてください♡

コミュニケーションのヒント 友だち編

誰とでも楽しく話せるようになりたい！

友だちとのコミュニケーションに会話は欠かせないよね。「もっと話したい！」と思われる子になっちゃおう！

もっと会話を盛り上げたいのにうまくいかない…！

目指すは、相手が誰でも楽しくたくさん話せる子！

仲がいい子とはたくさん話せるのに、ふだん接《せっ》しない子とは話せないって子や、本当は会話を盛り上げたいのに、何を話せばいいかわからないって子、多いよね。「人見知《ひとみし》りだから」「明るくないし」ってあきらめないで！ どんなタイプの子でもちょっとの意識改革《いしきかいかく》と笑顔でコミュニケーション上手《じょうず》になれるよ。ここでは今すぐできる、誰とでも話せるトーク術を伝授《でんじゅ》。気づいたら盛り上がってる！って展開《てんかい》も夢じゃない。

友だちと話すときに、これを**意識**しよう!

まず大事なのは、「相手の話に興味《きょうみ》があります!」って姿勢《しせい》を見せること。それは、自分から話すときも、相手の話を聞くときも同じだよ。だから基本はつねに笑顔で相手の目を見ること! リアクションは大きめで、うなづいたり、相《あい》づちをうったり、前のめりで話を聞くのもおすすめだよ。ただハイテンションでうるさいのを苦手に思う子もいるから要注意して! 話すときは落ち着いたトーンで、笑顔とリアクションで盛り上げる気持ちでやってみよう!

つねに笑顔で相手の目を見る

好印象《こういんしょう》に欠かせないのが笑顔。話すときも聞くときも、笑顔で相手の目を見て!

リアクションは大きく

楽しんでる気持ちを相手に伝えよう。リアクションが大きいと相手も話しやすい。

話しかけられたら他のことはしない

ノートを書く手を止めたり、スマホを見るのをやめて、バッグにしまったり。

身を乗り出して話を聞く

「もっと聞きたい!」の意思表示《いしひょうじ》が大事。好《こう》印象《いんしょう》に思われるよ!

うるさくなりすぎないトーンで話す

最初は落ち着いたトーンで、少しずつテンションを上げよう。

話が広がる! テッパンのトークネタ

好きなものネタ

もっと距離《きょり》を縮《ちぢ》めるには、相手の好きなものや興《きょう》味《み》のあることを引き出す質問がおすすめ。

どんな歌が好き?

推しグループっている?

YouTubeなに観てる?

日常ネタ

何を話していいかわからないときはコレ! 時間つぶしにもなるから、知っておくと便利だよ。

前は何組だっけ?

テスト何点だったー?

スタバの新作飲みたくない?

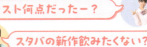

2人っきりだと、ちょっと気まずい子とでも
楽しく会話する方法

あまり知らない子と2人っきりになるとちょっと気まずいよね。何を話していいかわからなかったり、緊張《きんちょう》してついそっけない返事をしてしまったり。それであとから、「もっと会話を盛り上げたかった～」って後悔《こうかい》したりも。そんな子は、まずは相手の持ち物について聞いてみよう！ 使っている筆箱《ふでばこ》やペンなど、なんでもOKだよ。そこからどんどん質問していけば、会話が広がっていくはず。相手が口下手《くちべた》さんだったら、自分の話をするのもアリだよ。

相手の持ち物から会話を広げる

相手の持ち物を「かわいいね」とほめるところからスタート！ そこから話を広げていこう。

相手が話し下手だったら 自分の話を聞いてもらおう！

会話が苦手そうな相手には、「聞いて～。○○が好きなんだよね」と話をふってみても。

とにかく質問をして 相手の好きなものを探る

相手をよく知らないからこそ、どんどん質問。好きなことなら楽しく話してくれるはず！

次につながる返答を意識して会話する

相手が返答してきたら「もっとくわしく教えて！」と、次の会話がつながるリアクションを！

話題がなくなったら心理テストなどで楽しむのもアリ

一緒に盛り上がれるクイズや心理テストを覚えておくと、こまったときに役立つよ。

コレは注意

こまっても悪口には頼らない！

会話にこまっても、誰かの悪口はNG！　印《いん》象《しょう》が悪いし、相手にも警戒《けいかい》されちゃうよ〜。

「ふーん」「へぇ」で終わらせない

そっけない返事は印象《いんしょう》がよくないよ。よく知らない相手こそ、いいリアクションで好印象《こういんしょう》に！

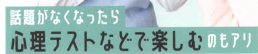

話せるトークテクニック

Talk Techniques

ここでは、「おしゃべり好きな子」と、「人見知りでひっこみ思案《じあん》な子」とのタイプ別トークテクニックを伝授《でんじゅ》するよ！　おしゃべり好きなタイプの子は、話上手《じょうず》でリアクションもいいから、はじめての相手も楽しませることができるの

おしゃべりさん向けテクニック

テク1
しゃべりすぎないように、話を聞くことを意識

自分の話だけになっちゃわないように、相手の話にも興味《きょうみ》をもって聞く意《い》識《しき》をもとう！

テク3
悪口は言わない！人をけなさない!!

ノリだとしても、けなしたり、悪口を言うのはダメ。そんな会話は楽しめない子のほうが多いよ。

テク2
とにかくほめまくる！

ほめられてイヤな子はいないはず！　持ち物や髪型…明るく、なんでもほめちゃおう！

おしゃべりさんへのアドバイス

第一は笑顔！　「どうしても自分の話がしたい～」って気持ちがおさえきれなくなっちゃったら、「ちょっと聞いて～」って笑って飛びこんでいくのもアリ！

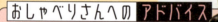

タイプ別 誰とでも上手に

が魅力《みりょく》。ただ、楽しくなってつい自分の話ばかりにならないように注意。人見知りさんは、まずは話しやすそうな一人を見つけることからスタート！　話が盛り上がらなくても、また次の機会《きかい》に話題を変えてみたらうまくいくことも多いよ。

人見知りさん向けテクニック

Before

テク1

一人でいる子にまずは話しかける！

ねえ知ってる？

数人グループより、一人の子のほうが話しかけやすいよね。勇気を出して声かけて！

テク2

一緒に話せるトークテーマを意識！

さっきの授業でね

授業や共通の友だちの話など、相手も分かる話題を意識《いしき》。知らない話より、だんぜん盛り上がるよ。

テク3

あまり反応がなかったら一度離れてから再チャレンジ

そういえばさ〜

相手の反応がうすかったら、無理に続けないほうが◎。次の機会にまたチャレンジしよう！

人見知りさんへのアドバイス

実は相手も話したいと思ってることが多いから、緊張《きんちょう》しなくても大丈《だいじょう》夫《ぶ》。うまくいかない場合も、話題を変えたら盛り上がることもあるから、あきらめずに自分のペースで続けてみてね！

コミュニケーションのヒント　友だち編

こまったときのちょーどいい返し方って?

やけにほめられたり、気まずい質問をされたりして、返事にこまったとき、ちょーどいい返し方が役に立つのだ!

さけたほうがいい!

モヤっとさせちゃう返し方

ウソや悪口を言う

相手に合わせたつもりでも、その部分だけ切り取られて、評価《ひょうか》が下がっちゃうことがあるから注意。

知ったかぶりをする

話を合わせようとして、知ったかぶりするのは危険! ボロが出て大恥《おおはじ》をかいちゃうことも…。

「そんなことないよ〜」を言いすぎる

謙遜《けんそん》しすぎると「めんどくさい子」って印象《いんしょう》に。明るく「ありがとう!」と素直《すなお》に認《みと》めたほうが◎。

ちょーどいい返し方を知ればもう返事にこまらない!

やたらとほめられたり、他の子の悪口を言われたり…。正直、返事にこまるよね。そんなときに相手の気持ちをキズつけることなく、スマートに流せる返答ができたら、おたがいに幸せ! 気をつけたいのは、せっかくほめてくれているのに、イヤミに受け取られるほど謙遜《けんそん》したり、悪口に乗っちゃうこと。どちらも悪い印象《いんしょう》を抱かれやすいので、注意が必要だよ。それに代わる「ちょーどいい返し方」を教えるね!

ちょーどいい返し方の実例！

「ちょーどいい返し方」にはちょっとしたコツがあるよ。たとえば、ほめられたときは、ちょっとギャグっぽく返して笑いで流す方法や、「実は私はこんななんだよ～」と自分を下げる軽めの謙遜《けんそん》がグッド。悪口にはさらっと話題を変えたり、相手の気持ちを受け止めつつも、自分はちがうとやんわり主張するのがおすすめ。知らないことに対してはノリで知ったかぶりせずに、「教えて！」って言うほうが、気分よく盛り上がることができるよ！

返事にこまること → ちょーどいい返し方

頭いいよね！

「女子力はない」など足りないところをアピールして、完璧《かんぺき》じゃないことを強調！

この前のテストやばかったよ！

女子力はないけどね～

いやいや～
今回のテストは、
ちょっとがんばったから！

スタイルよくてうらやましー！

堂々《どうどう》と認《みと》めるのは気まずいから、ギャグで返せたらベスト。否定《ひてい》からのありがとうも◎。

本当!? 昨日アイス食べるの
やめといてよかったわ～

脚が細くなる
マッサージ
見つけたの!!

え!? ないない!
でも、ありがとう

なんでそんなに運動できるの？

できないことを披露《ひろう》したり、逆に、運動神経以外全滅《ぜんめつ》って告白して笑いをとる作戦！

キッパリ

ダンスはできないよ！

自慢できるの
運動神経だけ
なんだよね w

50m走
めっちゃ
おそいよ！

返事にこまること → ちょーどいい返し方

好きな人教えて！

好きな人がいない場合も、教えたくない場合も、「推ししか勝たん！」で乗り切ろう！

いないから…
推しを紹介するよ！

〇〇しか勝たん！
芸能人の名前をだす

キラキラ♡

モテそう!!

ギャグで否定《ひてい》するのが王道だけど、「まぁーね」ってカッコよく認《みと》めちゃうのもアリ！

チーン

モテてたら
今、彼氏10人はいる！

本当に好きな人には
モテないんだけどね…

まぁーね！

天然だよね〜

「しっかりしてるほうだと思う」って身のほど知らずで笑いをとるときは、ぜひ真顔《まがお》で（笑）。

えー！ しっかりしてる
ほうだと思うよ（笑）。

私、たまに変なこと
言ってるときあるから
そしたら教えてw

天然記念物
だから
大事にしてね！

なんちゃって☆

マジメだね！

これこそマジメじゃない返し方を！ 「見た目はね」で中身のおもしろさをアピール。

家ではうるさいよ〜！

見た目はねw

たしかに、
根はマジメかも♪

返事にこまること → ちょーどいい返し方

××って ムカつかない？
（友だちの悪口を言われたとき）

これは絶対に賛成《さんせい》しちゃダメ！　話題を変えるか、自分の意見を軽く述《の》べて終了に。

軽く流す

そうかな？ w そういえばさ〜！

そういう風に感じるときもあるかもしれないけど…私はやさしいなって思うよ

△△って 知ってる？
（知らなかったとき）

「時代に乗りおくれた！」と返したり、素直《すなお》に「教えて〜」も◎。知ったかぶりはNG！

それ、最近よく聞くから気になってたんだよね！ 教えてくれる？

なになに？

知らないなぁ！ それって どんなやつなの？

やばい！ 時代に 乗りおくれてるw

（あんまり仲よくない子から） 今度 遊ぼう！

まずはうれしい気持ちを伝えて、「2人だけ」が不安なら「他の子も誘《さそ》う？」と提案《ていあん》。

うれしい♪

いいよ。もっと仲よくなりたいと思ってたの！

うん!! 初めてだから 他の子も誘う？？

（2人の友だちから、別々に） 遊ぼう〜!!

あとから他の子と遊んだのがバレるのはトラブルのもと。先《せん》約《やく》があることは必ず伝えよう。

○○ちゃんにも誘われてるから よかったら3人で遊ばない？

どうかな

今日は△△ちゃんと 遊ぶ予定だから、 また今度遊ぼ！

コミュニケーションのヒント　友だち編

LINEコミュニケーションアップ術

友だちとのコミュニケーションに欠かせないLINE。もっと上手《じょうず》に、そしてもっと好かれる方法を教えるよ！

友だちと何で連絡とってる？

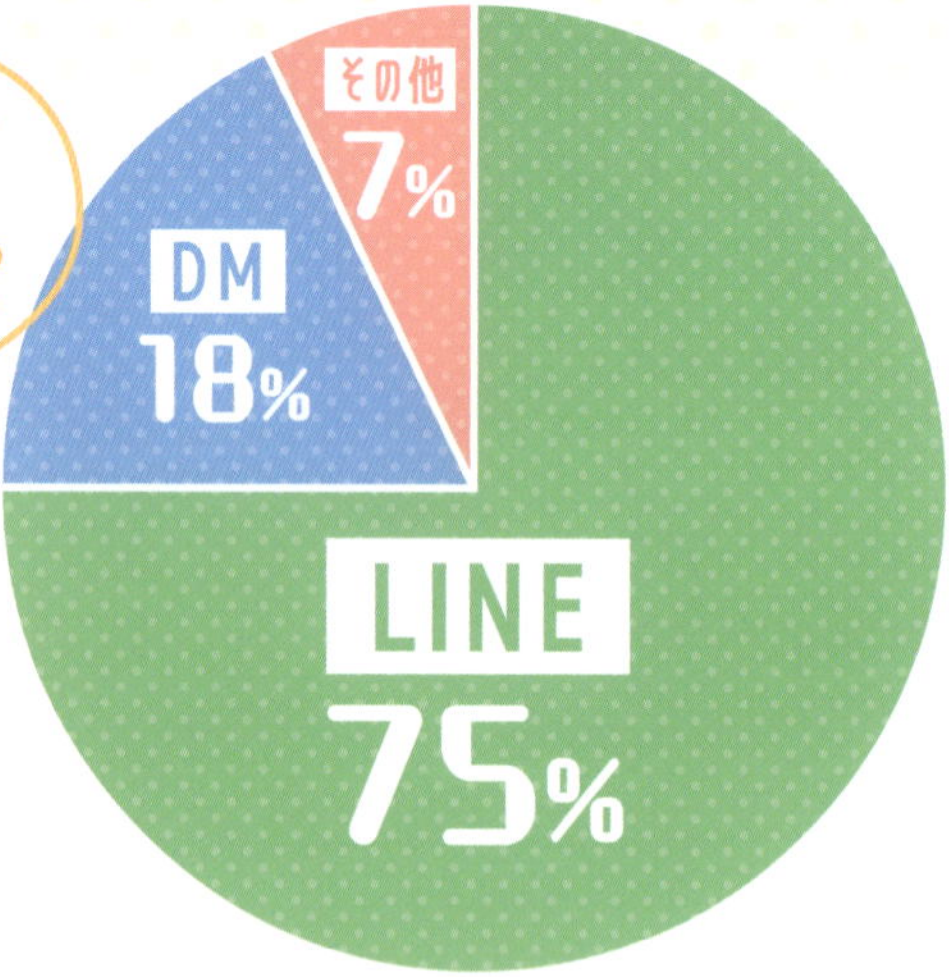

平均すると4人中3人の中学生が連絡手段《しゅだん》にLINEを使っていることが判明。もはやLINEを上手《じょうず》に使うのがマストな時代！

だからこそ、こんなお悩みが…！

- 自分のテンションがちゃんと友だちに伝わっているのかわからない。
- あまり話したことのない子とのLINEって、なんて打つのが正解？
- 気になる男子とLINEしたいけどめんどくさいって思われないかな？

直接会わないからこそ！使い方にはコツがあるよ

LINEは、顔を合わせてのコミュニケーションじゃないから、不安もあるよね。自分の気持ちとはかけ離れた意味で受け止められたり、ちょっとした言い方で相手を不快《ふかい》にさせることも。もちろん、自分が悲しい思いをすることだって…。でも逆に上手《じょうず》に使えば、面《めん》と向かって言えないことも話せたりして、より仲が深まる可能性もあるよ！　コミュニケーションに欠かせないLINEを上手に使って悩みを解決！

LINEコミュニケーションの極意

LINEでのコミュニケーションには、まず大前提《だいぜんてい》として相手と顔を合わせていないからこその「気づかい」が必要。ここが不足すると、ちょっと苦手って思われちゃうかも…。会話が一方通行《いっぽうつうこう》にならないように、相手の意見を聞くこと。そして、言葉選びはかしこまりすぎずフレンドリーにすると相手も乗ってきやすいよ！　注意しなきゃいけないのが、「文章は会話よりも冷たい印象《いんしょう》で伝わりやすい」ってこと。だからこそ、ちょっと高めのテンションを意識《いしき》するのがおすすめ。お誘《さそ》いLINEのときは、話がグダグダになって出口が見えなくならないように、誘った側の子が「これ行かない？」って提案《ていあん》するのもコツだよ！

コレでLINEの印象は完ペキ!!

1 相手を気づかいつつ、ノリよく

自分の意見を一方的《いっぽうてき》に言うのはNG。相手の意見も聞こうね。言葉づかいは、堅苦《かたくる》しくなく、ノリよくいこう！

2 テンションが伝わる文にする

おたがいに顔が見えない分、冷たい印象《いんしょう》にならないように「！」や語尾《ごび》で、楽しいテンションを表現しよう！

3 返しやすい言葉を選ぶ

会話の始まりは、相手がノリよく返信できるように、「やっほー」「いま平気？」などの気軽な感じがグッド！

4 予定は誘った側が率先して決める

お誘《さそ》いLINEは、誘った側から行く場所や時間などを提《てい》案《あん》しつつ、相手の意見を聞くとスムーズにまとまるよ。

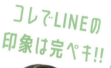

お手本にしたい こつⓔのお誘いLINE

コハナの友だち誘いLINE

設定

- 同じ部活の子
- 何人かで仲いいけど、2人で遊んだことはない
- 日程・場所・待ち合わせ時間まで決める！

遊びをちゃんと実現したいから、友だちの意見は聞きつつも遊びの内容を提案《ていあん》して、会話をぐいぐい引っ張っていくのがポイント。そろそろ会話が終わるなと感じたら、自分からまとめ的なスタンプを送って終わらせるのも、相手へのさりげない気づかいだよ。

△「ー」が続くとちょっと棒読み感

「ー」が続くと冷たい棒読《ぼうよ》みに見えちゃうから、「〜」と交互《こうご》に使うのがベター。

◎話しやすいようにテンション高く！

フレンドリーに「！」や「っ」を多めにすると、相手も乗りやすい！

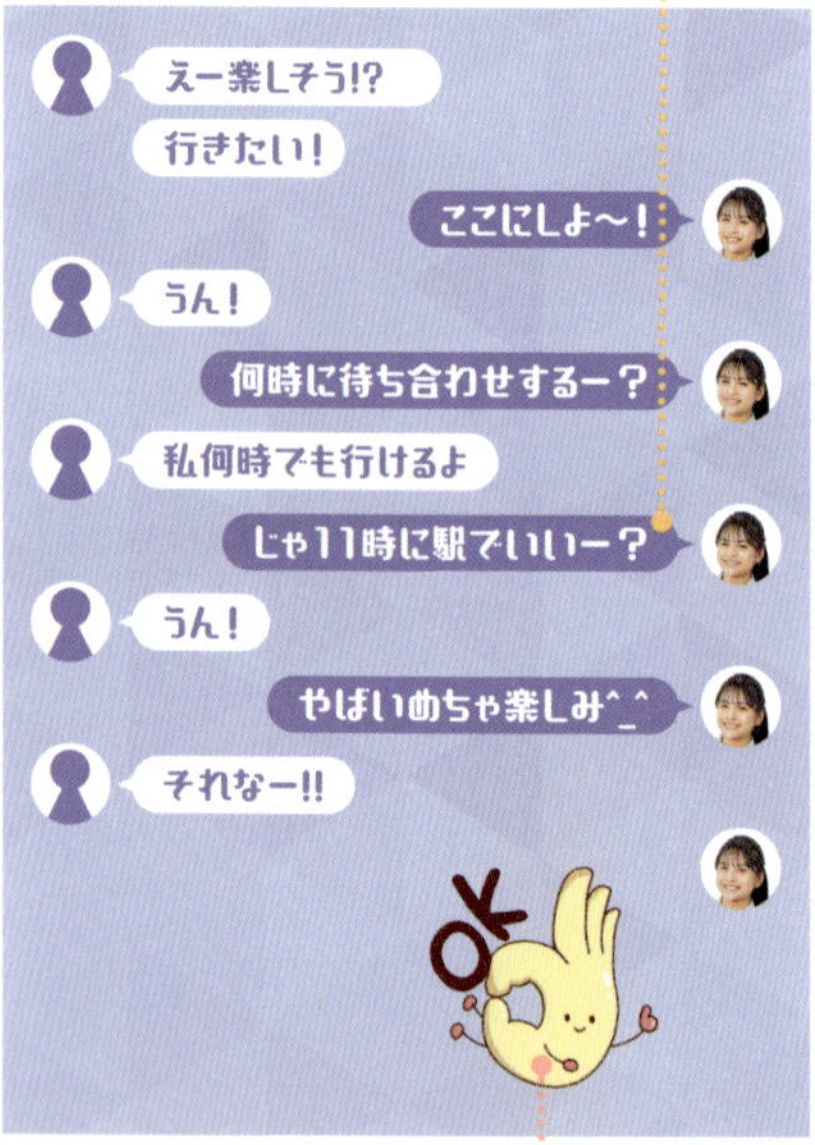

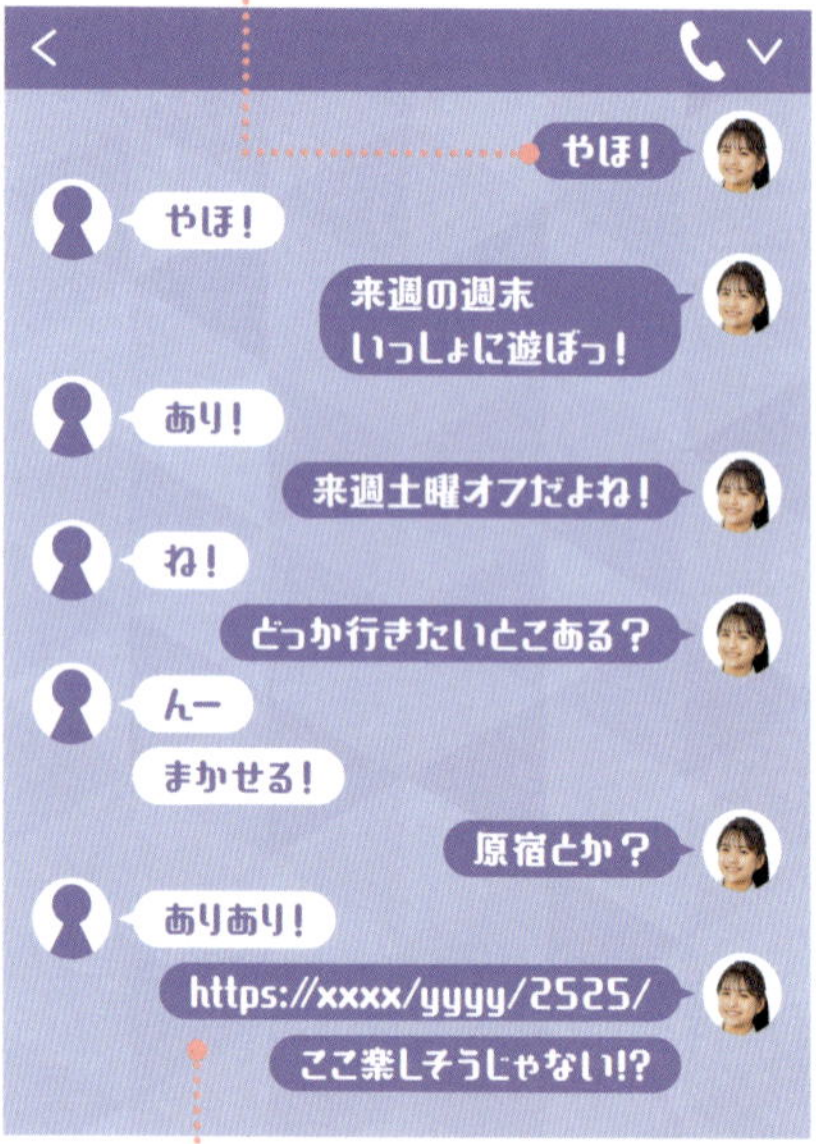

◎最後は自分がスタンプで終わらせる

みんながむずかしいと思うのが、終わらせ方。進んでカバーするとよろこばれるよ！

◎誘った側が提案する

基本、誘《さそ》われた側は受け身。誘った側が提案《ていあん》すると話がスムーズに進むよ。

ミユウの友だち誘いLINE

設定
- 同じクラスの子
- 何人かで仲いいけど、2人で遊んだことはない
- 日程・場所・待ち合わせ時間まで決める！

いきなり誘《さそ》うのは、ちょっぴり気まずいし、相手もきっとそうだと思うから、その気持ちを埋《う》める言葉選びをしているよ。提案《ていあん》するときも、相手が本当に行きたい場所か、やりたいことかもちゃんと確認。話がダラダラ長引かないように約束をサクサク決めて！

◎ **相手がビックリしないように前置きの言葉を**

「いきなりすぎるんだけど」と頭に入れると、相手の警戒心《けいかいしん》がなくなるよ。

◎ **返しやすいはじまりのあいさつ**

突然のお誘《さそ》いでも、最初は「やっほー」くらいのゆるさが気楽で◎！

◎ **時間と場所はサクッと決める**

待ち合わせが決まらないとグダグダに。決断力《けつだんりょく》がある子は好印象《こういんしょう》！

△ **いきなり今週はちょっと早いかも…**

近すぎる日程だと心の準備が…。相手の都合《つごう》にも気をつかって！

◎ **提案しつつ押しつけないのがGOOD！**

提案《ていあん》を押しつけず、「好き？」と聞く気づかいで好感度《こうかんど》アップ！

コハナの男子声かけLINE

設定

- 同じクラスの男子
- クラスでよく話すけど、遊びに行くのは初めて
- 日程・場所・メンバーまで決める！

男子を誘《さそ》うときは「めんどくさい約束」にならないことが大事！　相手の都合《つごう》を気づかいつつも、重い感じにならないように。男子の意見を聞こうとしすぎると、何も決まらずにグダグダしちゃうから、決めるところは、ズバッと自分の考えを伝えよう！

質問に質問で返さない！
「何人誘《さそ》う？」に「何人がいい？」の返しはビミョー。意見を言おう！

2人くらいかな
じゃあ、ニコ太とかは？？
いいね！
あと女子誰にする？
ニコ美、誘っていい？
いいね！
おっけ！
何時にどこ集合にする？
駅前に11時とかー？
おけ！
ニコ太にも言っとくね
うん、ありがと！
ニコ美に言っとくわ～
はーい

スムーズに決まってノンストレス♪
もっと話したくてもダラダラするより、サクッと決まるほうが印象《いんしょう》よき！

ノリのいい話しかけ方
ここでも、重くならない「やっほー」がいい仕事をする♪

ニコくんやほ！
やほー
来週みんなで
遊びたいんだけど
ニコくんも一緒にいこ～！
いいよ！
やった!!
土日どっち空いてる～？
どっちも空いてるよー
じゃ土曜にしよー
おっけー
ちなみにどこでー？
ニコくんどっか行きたい
とこあるー？
えーない
渋谷とかー？
あーいいじゃん
だれ誘う～
何人誘う？

相手の予定を気づかう！
候補《こうほ》の日をいくつかあげることで、気づかいもやさしさも伝わるよ。

ミユウのグループ誘いLINE

設定

- クラスで仲がいい
- 3人グループ
- 趣味やテイストはちがう
- 日程・やること・待ち合わせ時間まで決める！

グループLINEは、個人LINEよりも「様子見《ようすみ》」のノリになりがち。誰かがまとめないと話が進まなかったり、逆に話がとっちらかったりと、ゴールが見えなくなっちゃう。だから楽しさをアピールしつつ、積極《せっきょく》的《てき》に決めていくのが成功パターンだよ。

責任感をもっていろいろ決める
様子見《ようすみ》が多いグループの会話を引っぱれば、「頼《たよ》れる子」に認定《にんてい》。

来週の日曜日とか空いてる？
ひまひま！
空いてるよ！
じゃあその日で決まりでいいかなー？
ぜんぜんいいよー
うん！めっちゃ楽しみ！
昼集合くらいはどう？12時に駅とか
ご飯食べてくる？
一緒に食べてから映画見よ！
おっけ！
ニコ子はどうー？
私もいいと思う！
わーい！たのしみ♪

丁寧すぎず話しやすい言葉づかい
敬語《けいご》になる子もいるけど、明るい口調で話しやすい空気を演出。

相手の状況を確認する
グループでの会話は途《と》中《ちゅう》で抜けにくいから、最初に状況を確認。

いま平気ー？
平気だよ！
うん！大丈夫だよ！
今度3人で遊びにいこうよ！
おーいいね！
行こ行こ！
ほんと！やったー
どこいく？
〇〇みたかったんだよねー
だから映画行かない？？
えそれみたかった！
私もみたいから行こー！
じゃあ決まりで！
はーい！

自分から提案する
自分から誘《さそ》うなら、みんながこまらないようにどんどん提案《ていあん》を！

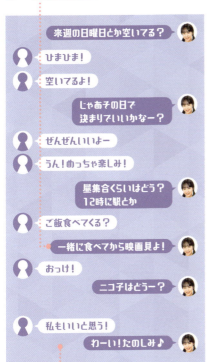

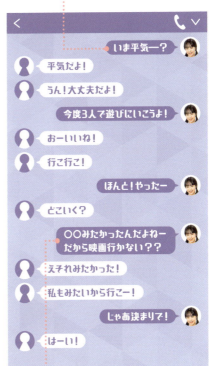

ニケーションQ&A

LINEで気になるのは文《ぶん》面《めん》だけじゃない！「LINEのマナー」も知っておきたいよね。送っていい時間帯や、返信はすぐするべきか、カドが立たない会話の終わらせ方まで、細かいことが気になっている子は多いみたい。でも大丈《だいじょう》夫《ぶ》！LINE通知のたびに気が重くならないために、まずは自分が無理をしないことが大切。そして、おたがいに気持ちよく会話することを第一に考えればOK。コミュニケーションの方法に絶対の正解はないけど、ニコラ的正解を紹介するよ。

Q どの時間帯に送るのがいい？

A 夕方5時～夜9時

コハナ 17時くらい！
学校から帰ってきてとりあえず一回見る時間だから。

ミユウ 19時～21時！
ストーリーズをあげるとみんなですぐ見る時間だから、返信もきやすそう！

Q 会話を終わらせたいときどうする？

A 親を出す！

コハナ 「スクリーンタイムの制限が…」
親とスクリーンタイム設定してることにして、それを伝えると平和！

ミユウ 「ママが怒ってるー」
ママのせいにしちゃえば、相手もイヤな気持ちにならないと思う！

Q リアクション使うのってアリ？

A あんまり使わない

コハナ 使わない派！
自分の感情に合う顔がないからw
それならスタンプかな。

ミユウ 使うなら最後の最後だけ！
会話の最後のスタンプに対してなら使うけど冷たい気がするから基本はスタンプ！

どーすればいいの？ LINEコミュ

Q 毎日連絡してくる子にこまっている…。

A 円満に断る

ミユウ：「次会うときの楽しみにしたいから、これから会話は、会ったときにとっておかない？」って伝えて円満に断る！

Q 返信のタイミングはどれくらいがベスト？

A 基本的に早めが◎

コハナ：**仲よかったら1秒で既読。**
そうでもない子だったら5分おく。私は早く返ってこないのがイヤだからなるべく早く返信するようにしてるよ。

ミユウ：**自分のペースと同じにする！**
相手のペースがまだわからないときは、早すぎず5〜6分おいてからにする！

Q グループLINEでの発言きんちょうする(泣)

A 無理しなくて大丈夫

コハナ：たぶんコレはみんな苦手ｗ
ウチは無理して発言しないよ。
ただし、出欠の確認とかには早めにちゃんと返す！

男子に質問！

Q 絵文字やスタンプは使っていい？

男子ボイス：**ふつうの絵文字は1つくらいかな！**
ふつうの絵文字は1つくらい。スタンプは会話の最後だけでいいかな。

男子ボイス：**どっちもいらない！**
スマホの絵文字（😄とか）は距離を感じちゃう派。
スタンプは会話の最後だけならOK！

Q 女子からきてめんどくさいLINEってある？

男子ボイス：**悪口かなぁ。**
特にないけど、あげるとすれば悪口かな。返信に迷うから…。

男子ボイス：**話題がこっちまかせ**
「話題出して」って言われるとこまる。逆に出してくれれば何でもOK！

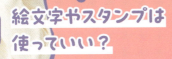

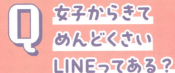

コミュニケーションのヒント 友だち編

突然おこる気まずい瞬間の対処法

誰もが経験する「気まずい瞬間《しゅんかん》」。そんなときがいつきても、対処法《たいしょほう》を知っていれば笑顔で乗り切れちゃうよ！

先生のことを「お母さん」って呼んじゃった…！

ごまかすテクを身につけて気まずさを乗り切ろう！

「気まずい瞬間《しゅんかん》」は誰にでもあるもの。その瞬間は恥《は》ずかしい気持ちや、モヤモヤした感情を抱《いだ》くかもしれないけど、自分だけじゃないと思えば心配しすぎなくてすむよね。そして、そんな気まずい気持ちを引きずるよりも、いい感じにごまかすテクを身につければ、予告《よこく》なしに突然《とつぜん》おこる気まずい瞬間もラク～に乗り切れる！ 学校で、友だちと、ＳＮＳ上でも…。知っておけば、どんな「気まずい」にも対応《たいおう》可能《かのう》な必殺テク。

学校での気まずい瞬間

先生を「お母さん」って呼んじゃうなど、学校での赤面《せきめん》エピソードはあとをたたないよね。対策《たいさく》としては、まずは笑いにもってくこと！　それがむずかしいなら、とことんごまかしまくってシランを切り続けよう♪

ケース1

先生のことを「お母さん！」って呼んじゃった…

明るく笑ってごまかすのもアリ!!

こう乗りきる！

「お母さん…が」と話をつなげる

ケース2

帰りのあいさつで「いただきます」って言っちゃった！

いただきまーす（しまった!!）

こう乗りきる！

「今の誰？」とまわりからのツッコミを待つ(笑)

ケース3

手をふる人に手をふり返したら自分じゃなかった!!

むこうも気まずいはず

こう乗りきる！

髪をさわってたフリをする

ケース4

テスト中にお腹が鳴った…！

静かなときほど鳴っちゃうのはなんで？

こう乗りきる！

その音に近い声を出してみる!!

友だちとの気まずい瞬間

誕生日をまちがえて「なんかすみません」的なときや、鼻から毛がでてるなどの「恥《は》ずかしい目《もく》撃《げき》」といった気まずい瞬《しゅん》間《かん》があるよね。ネタにしちゃうか、何事《なにごと》もなかったようにするか、相手との仲よしレベルで判断《はんだん》！

ケース1

友だちの誕生日をまちがえちゃった…！

フライングすぎてもはやサプライズw

こう乗りきる！

「驚《おどろ》いた？」って言いながら笑ってごまかす！

ケース2

遊びに行くとき、洋服が丸かぶりだった!!

流行アイテムほどかぶりがち

こう乗りきる！

もはやネタにしてそのままプリを撮る♪

ケース3

友だちが鼻ほじってるときに目が合った！

見て見ぬふりをするのもやさしさ

こう乗りきる！

花粉症だとつらいよね～ってフォローする！

ケース4

友だちの鼻から毛がでてる…

伝えるか悩む…

こう乗りきる！

「トイレ行こ～」とさりげなく鏡まで誘導する

SNSでの気まずい瞬間

LINEの誤送信《ごそうしん》やインスタのリアクションまちがいなど、SNSの操作《そうさ》ミスも見逃《みのが》せない気まずさ。いさぎよくネタにして笑いをとるか、先輩など笑えない関係の人には素直《すなお》に謝《あやま》るなど、ヤバさ具合《ぐあい》で対策《たいさく》を変更！

まちがえた!!
お母さん
はやくあいたいね
母

ケース1

友だちにLINEしたつもりがお母さんに送ってた…!!

こう乗りきる！

スタンプと一緒に「気まず〜！」と追加で送る

既読前に取り消せばセーフ

ケース2

変顔プリをクラスLINEに送っちゃった！

こう乗りきる！

呪文風に「あなたはなにも見てない」と送って笑いに変える！

こういうときに限って誤タッチしちゃう！

ケース3

先輩のLINEプロフィールを見てたらまちがえて電話をかけてしまった！

こう乗りきる！

「すみません！」と正直にあやまる!!

そっと切ろう…

ケース4

電話中に友だちがお母さんにめっちゃ説教されはじめた！

こう乗りきる！

「こっちもお母さん怒ってるから〜」と静かに電話を切る

コミュニケーションのヒント 友だち編

たまにはポジティブぼっちになってみよう

友だちといるのは楽しいけど一人の時間もほしい！ 自分から「ぼっち」を選ぶ「ポジティブぼっち」で前向きに♪

学校で一人になりたいときってある??

たとえば、こんなときに一人になりたい！

ない 42%
ある 58%
約6割の子が一人になりたいときがある！
まだー？
へへへ…
眠いとき
早く帰りたいとき
疲れているとき
あの子ってさ～
イヤだな～
…
悪口大会になったとき
考えごとがあるとき

いつでも友だちと一緒がいいわけじゃないのが本音

ニコラ調査によると、半数以上の中学生が、「学校で一人になりたいときがある」と回答してるよ。特に考えごとがあるとき、友だちが悪口言い出したときなど、ちょっと疲《つか》れちゃうな…ってときは一人になりたいよね。でも、友だちがいない「リアルぼっち」になるのはイヤ！ 自分からおひとりさまを選ぶ「ポジティブぼっち」を目指そう。友だちとの集団の中で、上手《じょうず》にぼっちを選ぶためのコツを伝授《でんじゅ》するよ！

一人に
なりたい
ときは…

ポジティブぼっちしてみよう!!
=友だちはいるけどあえて一人でいる子

「友だちはいるけど、あえて一人で行動するなど、明るくポジティブな雰《ふん》囲気《いき》で一人を楽しむ子」のことを「ポジティブぼっち」と呼んでいるよ。「ぼっち」の時間は、友だちと仲よくするために必要な時間でもあるよ。「ぼっち」をイキイキと楽しくすごそう！

いつも 口角が上がってる

くちびるの両側がニコッと上がっていると、それだけでハッピーオーラが出せちゃうの！

ポジティブぼっちってこんな子！

自分から あいさつする

明るい子はあいさつも元気。友だちとコミュニケーションをとるためにも自分からしよう！

いつも 忙しそう&キビキビしてる！

いつもキビキビしていれば、「忙《いそが》しいから一人でいるんだな」って理解してもらえそう。

席が近くの子と たまに話してる

話しかけないでオーラを出すのではなく、たまには会話を楽しむ姿勢《しせい》も忘れずに。

自分の意見を持ってる

自分の意見を言える子ってカッコイイ！ そんな印《いん》象《しょう》も自分のキャラ作りに大切。

ポジティブぼっちのなり方①

友だちに言って一人になる!

「今は一人でいたい」って友だちになかなか言いだせない子は多いと思うけど、素直《すなお》に伝えちゃったほうがけっきょくラク。友だち側の気持ちを聞いた調査では、「理由があるなら仕方《しかた》ない」「どんな理由でも気にしない」という子を合わせると半数以上に。逆に「正直、イヤ」と思う子は16%と少数派《しょうすうは》だから、気にしすぎなくて大丈《だいじょう》夫《ぶ》そう。一人でいたい理由とともに、「ゴメン!」と明るく伝えて、ポジティブぼっちの世界に足をふみ入れよう!

友だちに言うおすすめフレーズ!

相手をキズつけずに、ちょっと距離《きょり》をおくのにぴったりなフレーズたちはこちら!

ごめん! 勉強ヤバイから一人で課題してくる!!

今日はちょっと先帰るね~

眠いので、おやすみ~ZZ

OK!!
今日はごめん!

ちなみに友だちサイドはこう思ってるよ!

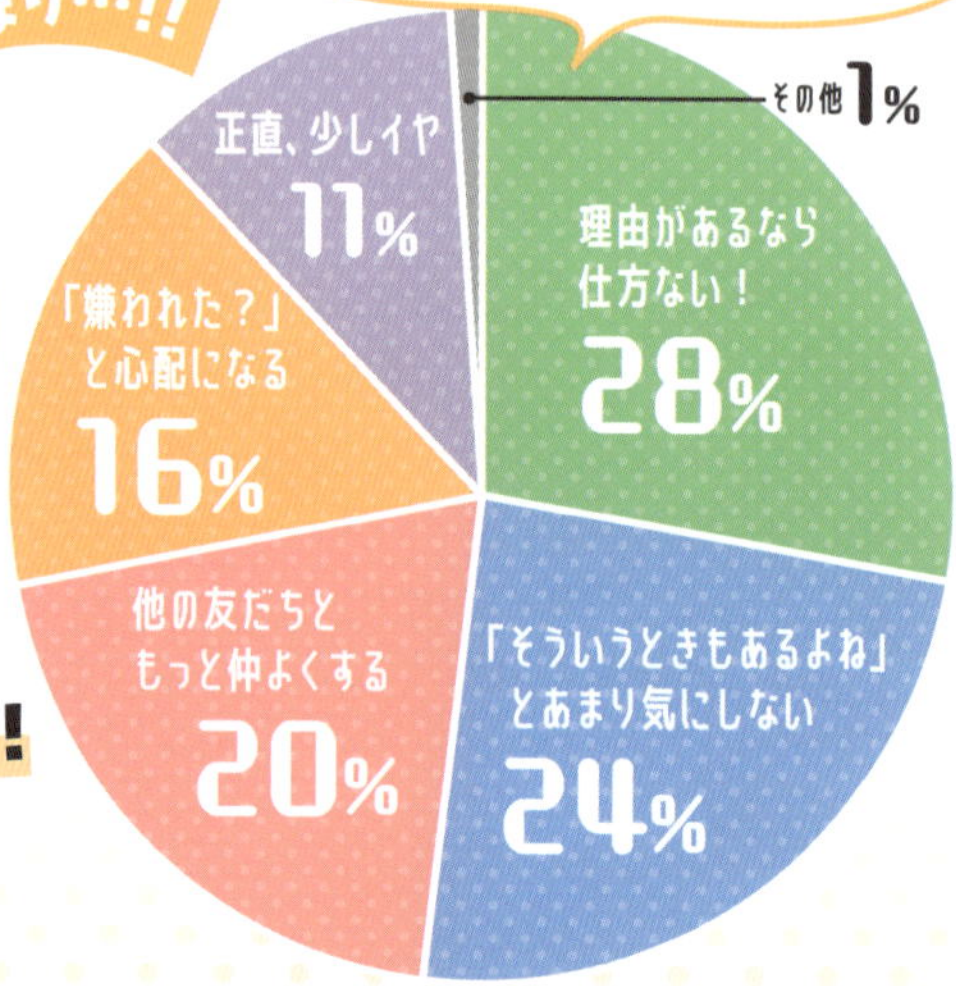

その他1%
理由があるなら仕方ない! 28%
「そういうときもあるよね」とあまり気にしない 24%
他の友だちともっと仲よくする 20%
「嫌われた?」と心配になる 16%
正直、少しイヤ 11%

つまり…!!

あとで理由説明&フォローができればOK!!

「私、嫌《きら》われた?」と友だちが不安に思わないように、感謝や説明をきちんと伝えるのはマスト!

ポジティブぼっちのなり方❷ そっと一人になる！

友だちに「一人になりたい」と言い出しにくいなら、しれっと離れて、その場からそっと存在《そんざい》を消すってワザも！ 友だちに断りを入れないぶん、気軽にできるってメリットがある一方で、「親友が他の子と仲よくなっちゃった」「移動教室で置いていかれた」「誘《さそ》ってもらえなくなる」など、予期《よき》せぬハプニングが発生することも。だから、あまり気にせずに乗りこえるメンタルの強さがある子向きかも。そっと一人になる場合の注意点を教えるね！

そっと一人になるときは こんなところに気をつけて！

盛り上がってる会話に後から入りづらい！

知らない話題で盛り上がっててつらいけど、そこは空気を読まず「なにない〜!?」と突撃《とつげき》だ！

体調が悪いとカンちがいされる

相手に悪気《わるぎ》はないと思うから、「ちょっとお腹痛くて…」と、話を合わせるのもアリだよ。

移動教室で置いてかれた

置いていかれたくないなら、移動教室前に友だちに声をかけるなど、存在《そんざい》をアピール！

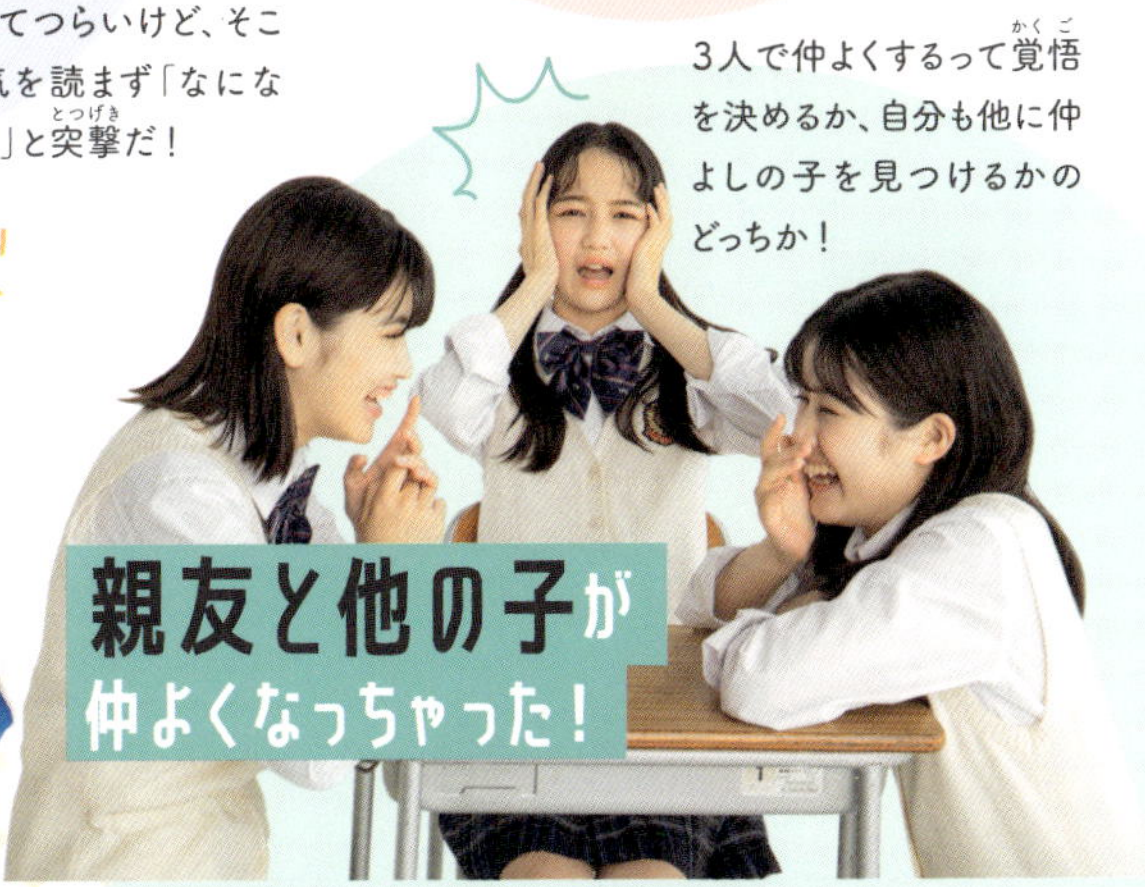

親友と他の子が仲よくなっちゃった！

3人で仲よくするって覚悟《かくご》を決めるか、自分も他に仲よしの子を見つけるかのどっちか！

うっかりぼっちになったときの対処法

気づいたら一人になっちゃってた!っていう「うっかりぼっち」。そんなぼっち状態《じょうたい》の自分を認めたくない気持ち、よくわかるよ。その場合は、あえてぼっちを選んでる「ポジティブぼっち」になりきるのも手かも。または、開き直って笑いに変えたり、せっかくだから新しい友だちを作ってみたり…気にせず自由にやってOK!

先生に質問しに行く

友だちには忙《いそ》しいアピールできるし、先生にも好印象《こういんしょう》&成績アップもねらえて一石《いっせき》三鳥《さんちょう》!

「ぼっちさみしー」と明るく言う

開き直って明るくふるまい、笑いに変換《へんかん》! こんな子ならまわりも接しやすいよね。

せっかくなのであんまり話したことない子とからんでみる

いつメンが近くにいないということは…ふだん一緒にいない友だちと仲よくなるチャンス!

次の授業の準備をする

堂々《どうどう》としてあたかもぼっちじゃない感。「自分で選んでます」って自信をみなぎらせて。

トイレに逃げる

短い休み時間なら、これが一番手《て》っ取《と》り早《ばや》く、自然にうっかりぼっちを回避《かいひ》できる(笑)。

番外編

休日のポジティブぼっちしてみよう

一人を楽しめたら、もう大人の仲間入り♪　そう、「ポジティブぼっち」は、自分の楽しみを満《まん》きつする時間を作るのが上手《じょうず》な人のこと。もちろん友だちと一緒に過ごすのも楽しいけど、誰かに気をつかうことなく、自分らしくいられる時間を大切にするって素敵《すてき》な考え方だと思わない？　何から始めていいかわからない場合は、カフェやショッピング、映画などから挑戦してみて。続けていくうちに、きっと自分にとって心《ここ》地《ち》よい時間の過ごし方が見えてくるはずだよ！

一番人気は…

一人カフェ

おしゃれカフェじゃなくてぜんぜんOK！　勉強、読書など自分の好きな世界にどっぷりつかろう。

～一人カフェ成功のコツ～

- ☑ カウンターor小さな席に座る
- ☑ イヤホンをして自分の世界へ
- ☑ 30分～1時間を目安にする

他にもみんなのあこがれは…

一人映画

おひとりさまが多くて安心できる。まわりも自分も集中してるから、ぼっちも気にならないよ！

一人ショッピング

自分のペースで買い物できたら大人！　店員さんとおしゃべりしておしゃれ情報もゲットしちゃおう♡

コミュニケーションのヒント　友だち編

学校でもっとあか抜けたい！

あか抜けると注目度がいい意味でアップ♪　仲よくなりたいと思ってもらえる「あか抜け女子」を目指そう！

前髪ボサボサ
たっちゃった…
夏休み中にすっかり
ヤボったくなった私…
でも友だちは…
ちょー
あか抜けてた!!
私も今すぐ
あか抜け中学生になりたい!!

あせらなくてもOK！ あか抜けは今すぐできるよ

「あか抜け」とは、「見た目や行動・しぐさが洗練《せんれん》されている」こと。あか抜けてる子って、おしゃれでイケてて雰囲気《ふんいき》もよくて、仲よくなりたいって思うよね。でも、仲のいい友だちが休み明けにあか抜けてたら、差がつけられちゃった感じがして正直あせっちゃう…！　だってあか抜けって、時間をかけて自分磨《じぶんみが》きしてこそ叶《かな》えられるものだよね？　実は時間をかけなくても、今すぐ、簡単にあか抜けられる方法があるんです！

ポイントを押さえれば誰でもあか抜け中学生に♡

あか抜け中学生ってこんな子！

学校で見かけるあか抜け女子は、見た目に清潔感《せいけつかん》があって、持ち物がかわいくて、考え方がしっかりしてて、努力をおしまないフレンドリーな子！　ちょっとコワめな悪っぽい女子より、今はそんな女子がだんぜん人気だよ。ポイントを1つずつ押さえていこう！

☑ 校則は守る！

「校則をやぶるのがカッコイイ」って考え方は、子どもっぽい！　ルールを守って過ごせる子が輝《かがや》いてる☆

☑ オンオフがしっかりしてる

勉強や部活に一生懸命《いっしょうけんめい》だけど、行事やプライベートはしっかり楽しんでる、切《き》り替《か》え上手《じょうず》さんが素敵《すてき》！

☑ あふれ出るおしゃれ感

筆箱やポーチなど、校則が自由なところでおしゃれにこだわってる子って、いい意味で目立つよ。

☑ 努力家!!

クラスで存在感《そんざいかん》ある子って、部活でキャプテンをまかされていたりと努力家なことが多いよ。

☑ 誰とでも仲よし

誰に対しても裏表《うらおもて》なく、同じテンションで話せる子が人気！　そういう子って友だちもいーっぱい！

Point 01 行動&しぐさであか抜ける

すぐにできるおすすめのあか抜けテクは、行動やしぐさをちょっと工夫《くふう》してみること！ 自分から積極《せっきょく》的に動いて、明るくふるまうことが大事だよ。 性別《せいべつ》問《と》わず、先生や先輩・後輩にも好かれるように、まずは笑顔で話してみよう！ 何事にも一生懸命《いっしょうけんめい》な姿《すがた》もカッコイイし、休み時間にノリよく楽しく過ごす子も評《ひょう》価《か》が高いみたい♪ そんなポジティブな子の存在《そんざい》は、まわりのみんなの目にもとまるはずだよ。自分をどんどんアピールしてこう！

次は移動教室だ！

一人でも 行動してみる

群《む》れない子は大人っぽく見えるし、いろんな子から声かけられるチャンスも☆

おはよー♪

誰にでも 話しかける

人見知《ひとみし》りさんも大丈夫《だいじょうぶ》！ 裏《うら》表《おもて》ある人に見えないように、相手によって態度を変えないで。

いくよー！

休み時間は 全力で遊ぶ

マジメなときはストイックに、休み時間は楽しさ全開《ぜんかい》！ そんな子と遊びたくなる♪

X=3だと思います！

授業では 手を上げて発言

よく発言する子には先生も話をふりやすくなるから、結果的にクラス内で目立つ存在《そんざい》に！

合唱コンは
みんなが知ってる
曲にしよう

クラスの話し合いに 積極的に参加

沈黙《ちんもく》が続いて気まずくなる前に、積極的《せっきょくてき》に案を出してくれる子、天使説♡

もう少しがんばるぞ！

部活は人一倍 練習する

あか抜けてる子は、部活でもレギュラーな子が多いよ。それは、常に努力してるから！

Point 02 制服の着こなしであか抜ける

学校にいる間は基本的に制服だから、着こなしって印象《いんしょう》を左右する重要《じゅうよう》ポイント。新しいアイテムをわざわざ買い足さなくても、ちょっとしたポイントを押さえるだけで、今日からあか抜けた印象になれちゃうってワケ！　大切なのは、がんばりすぎて校則をやぶらないこと。今回教える内容が、校則的にNGなら、校則にそってアレンジを変えてみてね。また、制服のパーツごとにイケてる着こなし方があるから、いける部分だけ取り入れる方法もアリ！

ちょうどいいのはひざ上10cmくらい

スカートは短すぎず長すぎず

おすすめは、ウエスト1〜2回折りのひざ上5〜10cm。短すぎはウケが悪いよ。

シャツは長そでを腕まくり

1 そでのボタンをはずす

半そでは子ども見えするから、夏でも長そで。まず、ボタンを全部はずす。

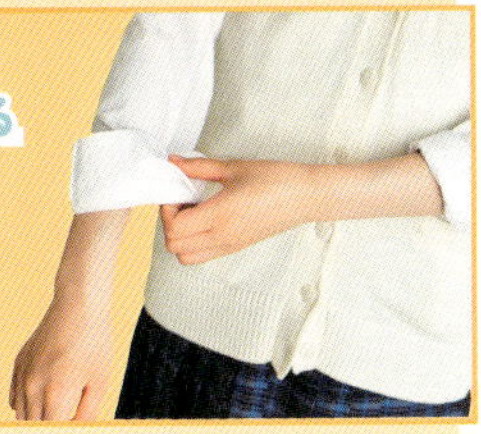

2 2〜3回くるくる折る

そでの幅に合わせて2〜3回折るよ。折りすぎて分厚《ぶあつ》くならないように注意して。

第一ボタンを開ける

首もとはゆるめが◎

首もとがつまっていると顔が大きく、モッサリ見える。第一ボタンを開けるだけで変わるよ。

5cmくらい

くつ下は短めがベスト

スカートが長い子あるあるだけど、肌《はだ》が見えないと、なんだかあか抜けない！

センスをアピール
GARFIELD

サブバッグでおしゃれする

ブランドショッパーや好きなキャラなど、サブバは一目置《いちもくお》かれるキーアイテム。

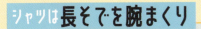

Point 03 身だしなみであか抜ける

身だしなみが整《ととの》ってる子って、清潔感《せいけつかん》があってキラキラ見えるよね。まずは、そんなビジュを目指そう！　大きく分けると、「肌《はだ》」と「髪」。「肌」は、うるおいに満《み》ちた状態《じょうたい》で、日焼けケアにもしっかり取り組めば、美意識《びいしき》高くてイケてるイメージをもってもらえるよ。そして印象《いんしょう》を大きく左右するのが「髪」。ボサボサした印象にならないように、顔まわりは明るく、クシでしっかりとかしてね。あとはハンカチ＆ティッシュの基本セットを持ち歩けば完了！

たまにヘアアレもするよ

髪はさらさらストレートで清楚感

毎日こったヘアアレをする必要はなし！　学校ではストレートヘアの支持率《しじりつ》が高いよ♪

ほんのり色つきがおすすめ♪

くちびるの乾燥ケア

保湿《ほしつ》のためにリップのぬり直しは重要。くちびるがツヤツヤだと健康的に見られるよ！

スティックワックスでおさえよう！

アホ毛をおさえる

どんなヘアのときもアホ毛なしが絶対！　固形《こけい》ワックスやヘアスティックを活用《かつよう》しよう。

シースルー前髪で明るい印象に

なんか暗い!?

おでこチラ見せが◎

黒髪だと重く見えがち。前髪をうすくして、おでこをすけさせると明るい印象《いんしょう》に！

ハンカチは毎日変える＆ティッシュは切らさない

ハンカチが清潔《せいけつ》か、ティッシュがくしゃくしゃじゃないか、見られてるよ。

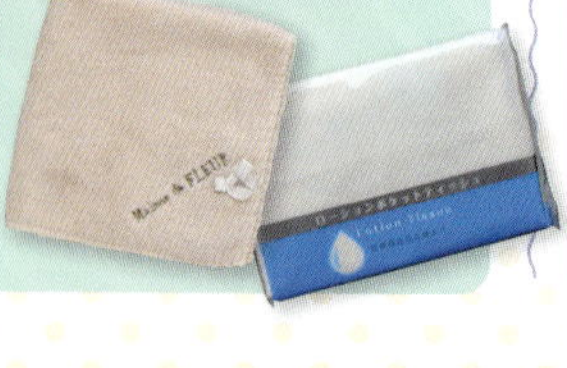

日焼け予防＆トーンアップ

日焼け止めはこまめにぬり直し

かわいい子は美への努力をおしみません♡　肌をトーンアップする日焼け止めが人気。

Point 04 SNSであか抜ける

TikTokやインスタグラムなどのSNSが楽しそうだったり、おしゃれだったり♡　そもそもSNSが上手《じょうず》ってこと自体がイケてるし、毎日充実《じゅうじつ》してる感じもあこがれる〜！　そんな子は、友だちも多いよね。今は見てる側のみんなも、ちょっとの工夫《くふう》で、そんな人になれちゃうよ。まずSNSの中で自分の世界観を作ることはもちろん、一番のポイントは自分の楽しげな様子をアップしていくこと！　これでSNSであか抜けも夢じゃない！

友だちと一緒にいるストーリーを流す

インスタは投稿《とうこう》よりストーリーズをあげる子が多いよ。友だちだけのピン写も楽しそう！

先輩・後輩、塾の友だちと仲よくする

「フォロワーが多い＝友だち多い」ことが多いもの。フォロバをねらおう！

投稿は友だちとの笑顔写真多め

友だちとの楽しい写真8割、カフェやコスメなどのおしゃ撮り2割くらいが一番あか抜け。

コミュニケーションのヒント　友だち編

自分に自信をもつ方法

「自信をもつ」ってすごく大切。明るく前向きになれるし、友だちとのコミュニケーションにも積極的《せっきょくてき》になれるよ。

ニコ㋲24人に質問

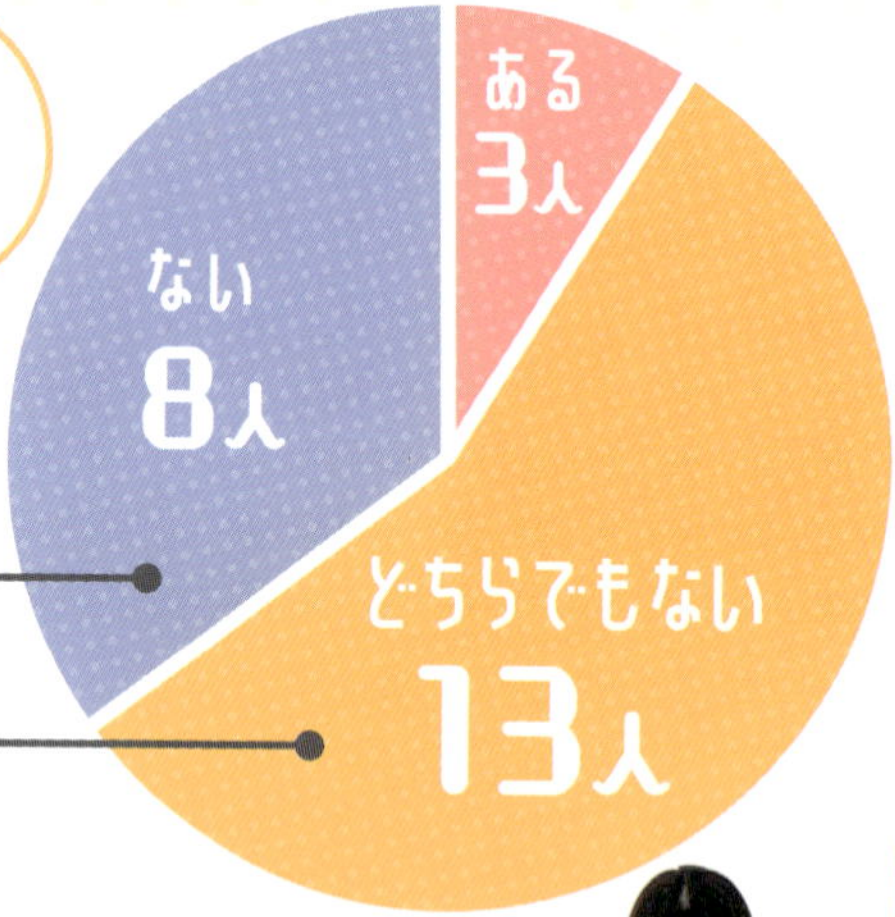
今の自分に自信ある？
ある 3人
どちらでもない 13人
ない 8人

努力中の子は90%以上

「自信がある部分も、ない部分もある」って声が多数。でも、どの子も自信をつけるための努力はしてた！

みんなが自信を持てない原因は？

- 学校での自分がイヤ
- 見た目を好きになれない
- 男子とうまく話せない

自信ないのは当たり前！自信は努力でついてくる

かわいくて明るい友だちと自分とを比べて、「私なんて…」って自信をなくしちゃうことってない？　多くのファンの子から「かわいい！」ってほめられるニコ㋲ですら、そんな気持ちになることがあるんだって。でも、イヤなところも全部ふくめて自分だよね。自分をもっと好きになるには、ちょっとした心がけとがんばりがあれば大丈夫《だいじょうぶ》。努力しだいで自分をもっと好きになれるし、コミュ力だってアップできちゃうよ。

「学校での自分がイヤ」に
自信を持つ方法

クラスにいると、ひそひそ話が自分の悪口じゃないか不安になったりするよね。そんなネガティブな妄想《もうそう》がふくらんじゃうのも、自分に自信がないのが原因《げんいん》かも。でも学校では友だちとのコミュニケーションが必須《ひっす》だから、そこは自分のカラをやぶる努力をしなきゃね！　具《ぐ》体的《たいてき》には、もっと積極的《せっきょくてき》に友だちに話しかけに行くとか、いろんな子に興《きょう》味《み》をもって仲よくなりたいって近づいてみるとか。友だちとうまくいってるって感覚《かんかく》が自信につながるはずだよ！

自分から意識して話しかけてみる

明日はクラスのみんなにあいさつするぞ!!

まずは自分からあいさつ！　それができたら、雰《ふん》囲気《いき》がいい感じの子に話しかけてみても。

まずは仲よしの子とたくさん話す！

この子となら自然に話せる

手はじめに仲よしの子とたくさん話そう。話す練習にもなるし、明るい印象《いんしょう》ももってもらえるよ。

恋愛に自信がないなら、友だちの恋バナを勉強のつもりで聞く

恋ってこんな感情なんだ！

男子と話せなくても、恋愛経験がなくても、女子の友だちの恋バナで恋のお勉強♡

知っている言葉を増やす

コミュ力アップに国語力は大事！　たくさん言葉を知ってると、会話もふくらむよ♪

部活のみんなは気の置けない関係
えりを正して勉強をがんばるぞ！

「見た目を好きになれない！」に自信をもつ方法

ティーン世代で多いのが、自分のビジュアルがきらいって子！「かわいい子と一緒に写った写真を見るのがイヤ」って気持ち、共感できる子も多いんじゃないかな。でも、考えてみて！コンプレックスが多いってことは、逆に「伸《の》びしろしかない」ってこと。まずは自分を知って、ありのままを受け入れることから始めよう！そこから自《じ》分磨《ぶんみが》きをがんばることで、自分好きになるための成長が始まるんです。魅力《みりょく》のない子なんていないから、自信をもって！

鏡を見て自分の好きなところを見つける

鏡を見ることが自《じ》分磨《ぶんみが》きの第一歩。自分のいい部分を見つけて、いっぱいホメてあげて♪

角度を変えて見てみるのがおすすめ！

あごのラインはどうかな～？

この角度いい感じ！

私の目って、意外とパッチリしてる！

「自分はかわいい」と思いこむ！

ほかの誰かを好きになる第一歩は、まずは自分が自分を好きになること。

自分が自分を一番好きになってあげる

動画や雑誌でおしゃれやメイクを研究

このメイク今度やってみよ！

おしゃれが上手《じょうず》になれば、コンプレックスを解消《かいしょう》できて、心も前向きになれる！

おでかけコーデを自分で考える!

でかけない日でもコーデを考えるって習慣《しゅうかん》を続けると、センスが磨《みが》かれるよ。

!!
コーデを組んで
センスを磨くぞ!

コットンパックで保湿がおすすめ

化粧水をコットンにしみこませる

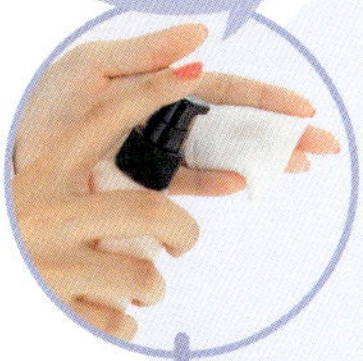

顔にのせて5〜10分おく

スキンケアをがんばってみる!

肌《はだ》の調子がいいとモチベがあがるし、相手の目を見て話そうって気持ちもわいてくる!

肌の調子がいいと
モチベが上がる♪

お菓子の食べすぎに注意する!!

お菓子をひと口だけ食べてガマンすることで、メンタルもきたえる作戦。心も体も強く、美しくなろう!

ガマン!
今日は少しだけ!

友だちやあこがれの人を見てモチベUP

くらべてがっかりするんじゃなく、「こんな風になりたい!」って、モチベにしよう!

私もこんな風に
なりたいな

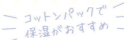

「男子とうまく話せない！」に
自信をもつ方法

思春期《ししゅんき》のこの時期、男子と自然に話すことって、けっこうむずかしい！「彼氏を作るどころか、男子の友だちもできたことない〜！」って叫《さけ》びをあげている子も少なくないみたい。それは、女子だけではなく、男子側も同じ。女子を意識《いしき》しすぎて、話せなくなってるの。そんな男女間のミゾをうめるためには、まずは男子に、「この女子なら話しかけられる」って思わせることが重要《じゅうよう》だよ。フレンドリーな雰囲気《ふんいき》を出して、話しかけられ待ちしよう♡

＼いきなり話しかけるのはハードル高すぎ／

男子が話しかけやすい女子を目指してみよー!!

好きなものをアピール

私が好きなものは
マンガとYouTube

好きなものが分かりやすいと、「オレも、それ好き」って、話のきっかけが作りやすいよ。

目が合ったらほほえむ

にこっ

ニコッとされると、「この子は話しかけやすそう」と思って、男子は安心するんだって！

同じ班や席が近い子から仲よくなる

この前の授業
たのしかったねー

授業で話してると、ほかの話もしやすい。グループワークも共通《きょうつう》の話題に。

“男子”って意識しすぎない

ちょっと
やめてよ〜w

意識《いしき》されると男子も緊張《きんちょう》しちゃう。気軽《きがる》につっこんだりするくらいのノリが◎。

それでも、がんばる自分を認められない…

どうしても自信をもてないときの対処法

いろいろ努力をしてがんばっても、どうしても自分のことが認《みと》められない…そんなふうに思ってしまっても、自分を責《せ》めないで！　自分に大きな期待をかけすぎて苦しくなっちゃっただけかもしれないし、もしかしたら努力することに疲《つか》れちゃってるのかもしれないよ。ギラギラと自信に満《み》ちあふれる必要はないから、そんなときは肩《かた》の力を抜いてもっと気楽にいけば大丈夫《だいじょうぶ》。少し自信がもてて、それに納得《なっとく》できてれば百点満点だと思って♪

がんばったことを思い出す

その努力した経験は「がんばったから大丈夫」って自信の裏《うら》づけになるはずだよ。

こんなに勉強したんだ…！

好きな人だけわかってくれれば十分と思う

そのままでいいんだよ！

究極《きゅうきょく》、自分を好きでいてくれる大事な人だけに自分のことが伝わればいい！

自分の性格が今と逆だったらどう思うか、友だちに聞いてみる

私がもしにぎやかな性格だったら？
友だちになってないかも

ありのままのアナタを認《みと》めてくれる子は必ずいるよ。その答えが心の支えになる！

欠点は「伸びしろ」と思う

伸びしろですねぇ

「自分のイヤな部分＝伸《の》びしろ」と改めて認《にん》識《しき》し、そこだけ集中して努力する！

ニコラ学園

放課後相談室

Counseling Room

～人間関係のお悩み～

誰にも言えない悩みをこっそり話せる「放課後相談室」。友だちや部活仲間など、学校生活において、切《き》っても切り離《はな》せない「人間関係の悩み」に答えるよ!

生徒会メンバーが答えるよ!

リリカ　ルナ　ミユウ　シャノン　フタバ　コハナ

人と関わるのが苦手

昔から人と関《かか》わるのが苦手。友だちや先生と話すときも言葉がつまっちゃう…。（中2・あおいちゃん）

【シャノン】私もすごく緊張《きんちょう》しやすいんだよね。あとで一人で反省会しちゃうし、マイナスなことばかり考えちゃう。でもそんなときは、「自分が思ってるほどみんな他人のことを気にしてない」って言い聞かせているよ。【ミユウ】もしかしたら、あおいちゃんは、自分にあまり自信がないのかな? 自信がないとどうしてもネガティブになっちゃうし、まわりの目を気にして、より緊張しちゃっているのかもしれないね。【シャノン】自信をつけるなら、毎日鏡に向かって笑顔の練習をするのがおすすめ。見た目から明るい雰囲気《ふんいき》を出すことも大切だよ!

自分に自信をつけてポジティブにいこう!

素の自分を出せない！

友だちから嫌《きら》われるのがこわくて気をつかってばかり。素《す》の自分を出せないんだ…。（中3・みどりちゃん）

【コハナ】実は私も、素をかくして友だちを作ったことがあるけど、あとからつらい思いをしたよ。だから、「嫌われてもいい！」って覚悟《かくご》で素を出したほうが、みどりちゃんのためになるはず。【フタバ】本当に仲のいい子だったらきっと受け入れてくれるはず。逆に相手の反応が「え？」って感じだったら、無理にその子と一緒にいなくてもいい。【コハナ】ただ、なんでも言っていいわけじゃないよ。モヤモヤしたこととか、〝悪い素の部分〟じゃなく、「実はこのアニメ好きなんだよね」みたいな、〝いい素の部分〟をどんどん出していくのはどうかな！

まわりに気を使うのは自然なことだよ！

すぐシットしちゃうんです

親友が他の子と遊びに行っているだけでモヤモヤして、すぐシットしちゃう…。（中2・りんちゃん）

【ルナ】私の親友は、私よりも他の子と遊んでいる回数が多いよ！　でも、「他の子と仲よくしないで」とかは求めてなくて、ただ一緒にいておたがいが楽しくいられればいいなって思ってる。【リリカ】それは大人な考え方だね～。どうしてもモヤモヤしちゃうなら、待つだけじゃなくて誘《さそ》ってみたり、自分から行動を起こしてみるのもいいかもしれないね。【ルナ】友だちは一人にこだわらなくてもOKだと思う。友だちの輪が広がったら、親友が他の子と仲よくしていても、自分はまた別の友だちと遊ぶこともできるしね☆

どうしてシットするのか原因を考えてみよう

人とくらべてしまう自分がイヤ

バスケ部所属です。同学年の経験者の部員がとにかく上手で、自分とくらべちゃいます。（中1・ゆめちゃん）

【コハナ】そっか〜、私は負けず嫌《ぎら》いな性格だから「絶対に目標をこえたい！」って自分なりにもっと努力するかな。体力づくりをしたり、自分のポジションを理解して客観的《きゃっかんてき》にチェックしてみたり…。バスケがうまい子たちも、そうなるために、それなりの努力をしてるわけだから。【シャノン】私だったら自分はバスケに向いてないって終わりにして、新しいことに興味《きょうみ》をもってイチからやってみるかも！　でも、本当に好きなものだったらきっと続けられると思う。ゆめちゃんにとって、バスケはどんな存在《そんざい》なのか考えてみるのはどうかな。

私だったら自分に向いてるものを探してみるかな！

友だちに嫌われてます…

仲のいい友だちが、陰《かげ》で私の悪口を言っていることを知りました。正直に「やめてほしい」と伝えたけど、それから私のことをさけたり、LINEをブロックしたりするんです。（中1・るるちゃん）

【フタバ】るるちゃんは、なんでその子と友だちでいたいのかな？　そのあたりを考え直してみるといいかも。【ミユウ】その友だちも、一時的《いちじてき》な感情でLINEをブロックしちゃっただけかもしれないよ。おたがいに本音《ほんね》で話し合えるといいと思うんだけど。【フタバ】そうだね。友だちだけじゃなくて、るるちゃんも感情的になっちゃっていることがもしかしたらあるかもしれないし。改めて話し合えたら何か解決するかヒントが見つかるかもしれないよ。【ミユウ】それでうまくいかないなら、別の子と仲よくするっていう選択肢《せんたくし》もあるよ！

その子と本当に友だちでいたいか考えてみて！

人前で話すときに緊張する

小さいころから人前で話すことに抵抗《ていこう》があって、声が震《ふる》えちゃうの。みんなの前で発表するのが憂鬱《ゆううつ》…。（中2・みゆうちゃん）

【リリカ】私も人前で話すのがすごく苦手で、つい声が小さくなっちゃう。そんなときは、「誰でも緊張《きんちょう》するから大丈夫《だいじょうぶ》！」って自分に言い聞かせているよ。【ルナ】私もみんなの前で発表するのが苦手なんだけど、大きく深呼吸をしてから話すようにしている。できるだけお腹に力を入れて、そこを意識して声を出すと、緊張しにくくなるからおすすめだよ。【リリカ】たしかに、声も震《ふる》えにくそうだね。【ルナ】あと、授業で答えるときに緊張するのは、あっているか不安な部分もあると思うから、事前に準備しておくのも大切だよね。

緊張するとつい
小声になっちゃよね!

転校してから友だちができない

親の転勤で転校したんだけど、人見知《ひとみし》りで話しかけられなくて、いつも一人なんだ。（中1・あいちゃん）

【フタバ】私も中1のころはなかなか友だちができなかったから、あいちゃんの気持ちはよくわかるな。でも、最初に静《しず》かにしていると、「そういう子なのかな」って思われちゃうから、自分から勇気を出して話しかけるのがいいと思うよ。【ルナ】クラスメイトみんなに話しかけるのがむずかしかったら、まずは話しかけやすい子を一人見つけて、その子からまわりの友だちを紹介してもらうのはどうかな？【フタバ】それはいいかもね。あと、笑顔でいることも大切だよね。話しかけたときに笑顔で返してくれたら誰でもうれしいはずだから！

まずは笑顔で
声を
かけよう!

部活の先輩と仲よくなりたい

学校で吹奏楽部《すいそうがくぶ》に所属しています。先輩たちが話しかけてくれるんですが、口下手《べた》なのでうまく返事できずすぐに会話が終わってしまいます…。どうしたらもっと仲よくなれますか?（中1・わかなちゃん）

【ルナ】口下手なことなんて、実はほかの人は、そんなに気にしてないよ。仲よくなってきてから素《す》の自分を出せば大丈夫《だいじょうぶ》!急に「遊びに行きましょ!」とかだと先輩もこまるかもしれないし。【コハナ】それよりも、はじめのころはあいさつのほうが重要!　最初はおじぎするくらい、次は手をふる、そのあとに雑談《ざつだん》したり一緒に写真を撮ったり…そうやって距離《きょり》を縮《ちぢ》めていくのがおすすめ。【ルナ】あとは、いろんな先輩に話しかけにいくより、自分はこの先輩と合いそうだなって人に話しかけるといいかも。まずは一番仲よくなれそうな先輩を探してみよう!

グイグイこられるのが苦手な先輩もいるよ!

男子と仲がいいのっていけないの?

私は男子の友だちが多いんだけど、話しているとクラスメイトたちがニヤニヤした顔でこっちを見てくるんだ。女子とも仲よくしたいのに、変なウワサを流されて、うまく話せなくてこまってるの。（中2・りかちゃん）

【ミユウ】男子と仲がいいことは悪いことじゃないし、まったく気にしなくていいよ。ウワサを流されるのはきっと誤解《ごかい》されているだけだと思うから、男子だけじゃなくて女子とも話すんだって気づいてもらえたらいいよね!【リリカ】グループ活動で女子が一緒だったら話してみるとか、勉強でわからないところを聞いてみるとか!　席の近い女子に話しかけてみるのもいいですよね。【ミユウ】誤解《ごかい》が解《と》けるまで、もしかしたら少し時間はかかっちゃうかもしれないけど、女子と話す機会が少しずつ増えたらきっと解決すると思うよ♪

女子とも話す機会を増やしていこう!

友だちと話が合わない！

3人グループでいるんだけど、私以外の2人がアイドルの話ばかりしてて、ついていけないんだ。（中1・なつちゃん）

一緒にいるか
一人でいるか…
大切なのはどっち？

【コハナ】学校ってはじめに仲よくなった子とずっとつながりがちだから、一度グループができると離《はな》れるのがむずかしいよね。【シャノン】なつちゃんは、「アイドルが好きではないけど、2人とは一緒にいたい」ってことだよね。なつちゃんはどっちを大切にしたいのかな？ 無理をしても2人と一緒にいたいのか、1人でもいいと思うのか。【コハナ】もし2人と一緒に楽しみたかったら、2人のことを知るためにも、アイドルについて調べてもいいかもね。私はこっちが好きだな〜とか、その中で意見がちがうのは大丈夫《だいじょうぶ》だよ！

友だちの連続LINEが重い…

新しくできた友だちとLINE交換しました。最初は楽しかったんだけど頻度《ひんど》が多くなってきて…。少し時間が空《あ》いただけで、「どしたー？」とこっちの都合《つごう》おかまいなしにメッセージを送ってくるの！（中2・あきちゃん）

【リリカ】私もLINEが得意じゃないから、あきちゃんの気持ちわかるな〜。私なら学校で「直接話すほうが好きなんだよね！」って伝えるかな。【フタバ】「LINE苦手なんだよね」って文字だけで伝えたら、トゲがある感じで伝わりそうだけど、直接話したらイヤな気持ちになりにくいもんね。私は電話する派。伝えたいことが多くて長文になりそうなときは「今ひま？」って聞いてから電話をかけるよ！ そのほうが早く正しく伝わることもあるし。【リリカ】それいいですね♡ とにかくLINE以外の方法で伝える時間をつくるのが大事ですね！

私もLINEが
得意じゃないから
気持ちわかるな

はじまりは図書室から

「１人で、なにやってるの？」

　うしろから急に声をかけられて、リリカはドキッとした。振り返ったところに立っていたのは、クラスメイトの男子、森泉陽向《もりずみひなた》だった。少し長めの前髪からのぞく瞳《ひとみ》が、カーテンの隙間《すきま》から差しこむ放課後の太陽をとりこんで、きらきらと輝《かがや》いている。

「数学の勉強？　テストのための？」

　リリカが手もとで開いていたノートと数学の教科書を見て、陽向は納得《なっとく》したようにつぶやいた。そしてそのまま、リリカの隣《となり》の空いているイスに座る。

「放課後の図書室で試験勉強なんて、マジメだなー」

「だって……数学、難しいんだもん。小学校の算数は、そんなにニガテじゃなかったんだけど、ちゃんと勉強しとかないと、テストでいい点とれないよ」

「そっか、数学かぁ……」

　陽向の噛《か》みしめるようなつぶやきに、リリカは小さな違和感《いわかん》を覚えた。

「どうかしたの？」

「いや……俺、数学ならまぁまぁ得意だから、教えてやってもいいけど？」

机《つくえ》に頬《ほお》づえをつきながら陽向が口にした「上から目線」の言葉に、リリカは少しムッとした。「教えてやってもいい」なんて言う人に教えてほしいなんて思わない――と最初は思ったけれど、正直、今度の学期末テストでは失敗できない。母親からも、「中学に入って成績が下がるようなら、塾《じゅく》に行くことも考えなきゃね」と、クギを刺《さ》されたところだ。

――「上から目線」なのは気になるけど、意外に教え方は上手だったりするかも。何か条件をつけられたわけでもないし、頼ってみようかな……。

そう決断したリリカは、陽向に向かって「よろしくお願いします」と、小さく頭を下げた。陽向は、「それじゃあ、明日からね。俺、今日は用事あるから」と言ってにっこり笑うと、軽快《けいかい》な動きで席を立った。

「一緒にがんばろうな！」

「う、うん」

こうして、翌日の放課後から、リリカと陽向の2人きりの試験勉強が始まった。場所は昨日と同じ、図書室の片隅《かたすみ》だ。

「それで、何がわかんないの？」

「この図形の問題とか……。公式も何を使ったらいいかわかんないし、応用問題になると、もうお手上げって感じ」

「全部わかんないってこと？　しょーがねーなぁ。いっこずつ教えてやんないとダメだな」

　正面に座った陽向に鼻で笑《わら》われたような気がして、リリカはまたムッとした。それを隠《かく》すように「お願いします」とつぶやいて気持ちを切り替えると、リリカはシャーペンを握《にぎ》り直《なお》した。

　陽向の教え方は、正直、あまり上手ではなかった。「えっと、ここは……どうすればいいのかな？」と、リリカに教えながらつっかえてしまうこともあったし、質問にすぐ答えられないこともある。けれど、ノートや教科書をたぐりながら、一《いっ》生懸命《しょうけんめい》にアドバイスしてくれた。

「こんな問題もわかんないの？」とか、「さっきも言っただろー」とかと、やっぱりときどき「上から目線」な発言をしてリリカをムッとさせることもあったけれど、

リリカのために言ってくれていることはわかったから、文句を言うほどのことじゃないと思えた。

「できたっ！　これでどう？」

「んー？　……おっ、正解！」

「やったぁ、解けたー」

ニガテな図形問題を解けた達成感と疲労感《ひろうかん》で、リリカはぐうっと伸《の》びをした。すると、視界の端《はし》に、「ん」と何かが差し出された。

見てみれば、陽向が自分の右手の平をリリカのほうに向けている。

「え？」とリリカが尋《たず》ねると、「ん」と陽向がさらに右手の平を突《つ》きつけてくる。これはもしかして……と思いながら、リリカは自分の左手の平を、そっと陽向のほうに差し出した。

どうやらそれで正解だったようで、「いえーい」と言いながら、陽向がリリカの左手の平に、自分の右手の平をパチンと合わせてきた。

「やったな！　この調子でがんばろうぜ！」

「う、うん。ありがとう」

　ぱあっと、名前のとおりに明るい笑顔を真正面に見て、リリカはドキッとした。

　陽向と突然のハイタッチを交わした左手も、なぜか熱く感じた。


　それからも毎日、リリカは陽向と図書室で数学の試験勉強を続けた。そして、だんだん、リリカにはわかってきた。陽向の教え方は、「アメとムチ」だ。「昨日やった公式、もう忘れたの？」「あと1回しか教えないから」など、イヤな感じの発言もあるけど、そのぶん、リリカが問題を解けたときは、リリカと一緒に笑顔になって喜んでくれる。

「やったぁ、応用問題もクリア！」

「やればできるじゃん。もう数学、ニガテじゃなくなったんじゃない？」

　陽向の言い方は半分冗談《じょうだん》めいていたけれど、リリカは「たしかにそうかも」と、半分は本気で思った。陽向と試験勉強をするようになって数日、前よりも、数学に対するニガテ意識がうすれているような気がする。

――陽向くんの教え方そのものは、あんまり上手じゃないはずなのに、不思議……。

そんなことを思っていると、「ん」と、目の前に陽向のこぶしが差し出された。「今度はグータッチ？」と、体を緊張《きんちょう》させたリリカだったが、次の瞬間《しゅんかん》にそれを目にして、緊張をといた。

「これ、好きでしょ」

陽向がリリカの目の前で開いたこぶしからコロリと転がり出たのは、黄色い小《こ》袋《ぶくろ》に入ったキャンディだった。リリカのお気に入りの、レモンキャンディだ。

リリカがぽかんとしてそれを見つめていると、陽向の表情がふっと不安そうにくもった。

「あれ？　好きかなって思ったんだけど……」

「す、好きだよ！　でも、なんでわたしがこれ好きって……」

すると、陽向がもう一方の手で、リリカのバッグを指さした。

「最初にここで話したとき、カバンのポケットに入ってるの見えたから。応用問題

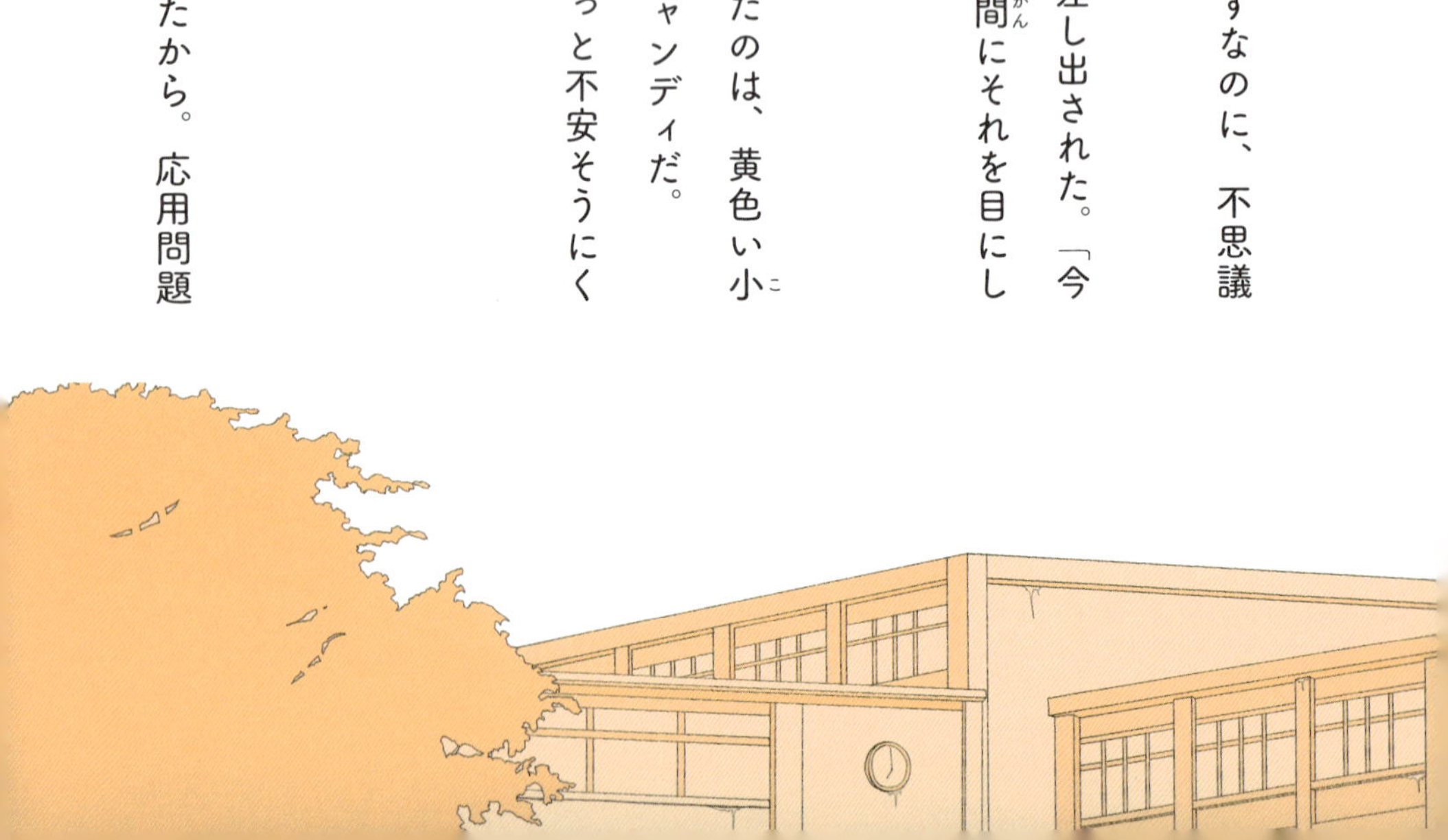

が解けたごほーび。はい」

そう言って、陽向はリリカの手の平に、小さな黄色い包みをぽとりと落とした。

その拍子《ひょうし》に、リリカの胸《むね》の奥《おく》で、何かが小さく動いたような気がした。

――陽向くん、わたしの好きなもの、知っててくれたんだ……。

たったそれだけのことなのに、リリカの胸の奥で、その「何か」は小さく震《ふる》え続《つづ》けていた。


翌週、学期末試験の日――。国語、英語、その次が、リリカにとって最難関の数学だ。

――大丈夫《だいじょうぶ》。やれるだけのことはやった。基礎問題のパターンは覚えたし、応用問題も解けた。だからきっと大丈夫……。

そう自分に言い聞かせて、リリカは数学の試験にのぞんだ。

手ごたえはあった。そしてその手ごたえは、翌週、答案用紙を返却《へんきゃく》されたときに、カン違いじゃなかったとわかった。リリカの数学の点数は、中学に入ってから一番

の高得点だったのだ。

「やった！」

思わず声を上げかけて、あわてて口もとを答案用紙で隠《かく》す。それでも、気持ちは抑《おさ》えきれない。

――陽向くんにお礼言わなくちゃ。今度はわたしから、陽向くんの好きなものをお返ししようかな……。

授業が終わってすぐ、リリカは陽向の席があるほうを振り返った。けれど、そのときにはもう陽向は席を立ち、教室の出入口へと向かっていた。

「あ――」

「陽向！」

リリカが声をかけるより先に、廊下《ろうか》から陽向の名前を呼んだのは、隣《となり》のクラスのルナだった。そして、教室を出た陽向を追いかけるように、ルナは廊下を歩いていく。

ルナは大人っぽくて成績も優秀な友人だ。面倒《めんどう》見《み》のいいところがあるので、リリカはルナに勉強を教えてもらうことも多い。今回、リリカがルナに頼らなかったの

は、試験前にルナが体調を崩《くず》していたからだ。でも、そのことがあったから、陽向と試験勉強することになった。

――そういえば、ルナは陽向くんと塾が一緒だったっけ。今も仲いいのかな……？

なんとなく気になったリリカは、陽向とルナのあとを追って教室を出た。すると、廊下の先で会話している2人の姿《すがた》が見えた。

「陽向、数学の結果、どうだった？　ニガテだから猛勉強《もうべんきょう》したんでしょ？」

ふと聞こえてきたルナの言葉の意味が、リリカにはわからなかった。

――陽向くんが、数学が苦手で、猛勉強してた？　わたしには「まぁまぁ得意」って言ってたのに？　どういうこと？

その後の2人の会話は、聞こえなかった。やがて話がすんだのか、ルナが陽向に手を振《ふ》りながら、どこかへ歩いていく。残された陽向は、やれやれとでも言いたそうな表情で頭をかいていて――やがて、少しずつ陽向のほうへ近づいていたリリカと目が合った。

「今のルナとの話、ちょっと聞こえちゃったんだけど……陽向くん、数学、ニガテだったの？」

「いや、今のはっ……！　あぁー、言《い》い訳《わけ》するのもダサいか……」

　気まずそうにモゴモゴと言葉をにごした陽向は、やがて、決心したような表情をリリカに向けた。

「じつはさ……俺も、数学ニガテだったんだ。でも、こないだ最初に図書室で会ったとき、リリカちゃんも数学がニガテって聞いて、『俺が教える』って言ったら、その……仲よくなれるかなって思って。だから、家で猛勉強したんだ。リリカちゃんと一緒にテスト勉強できたらな、って……」

「リリカちゃんと一緒に」――その言葉が、リリカの頭の中でリフレインする。

　それってつまり……と思った拍子《ひょうし》に、また、ことりと胸の奥で、何かが跳《は》ねるように動いた。

「何か」が始まりそうな気配を、リリカは感じていた。

コミュニケーションのヒント

第2章
恋愛編

love

男子に好印象をもたれる話し方や仕草《しぐさ》をマスターすれば、あこがれのモテ女子になるのも夢じゃない♡　気になる彼をふりむかせる方法も教えちゃうから、参考にしてみてね。

同じクラスの男子に
片想い中のシャノン

でも、彼の前だと
うまく話せないし…
どうしたら
好きになってもらえるのかな

それに
引きかえ、
フタバ先輩は
男子と仲よくできて
うらやましい…

こうなったら
フタバ先輩！
教えて
くださーい！

なるほど、
そういうことね
実は私も男子と話すのが、
ちょっと苦手なんだよね〜

次の日から先輩に教えてもらったテクを実践することに！

コミュニケーションのヒント　恋愛編

男子ともっと話してみたい！

中学生になると、男子との距離《きょり》感がビミョーに。でも本音《ほんね》は、「もっと話したい」のはず！　そのお悩みを解決♡

1
ホントは話したいけど、勇気が出ないよ～
中学生になると男子と距離ができる…。

2
ガヤ
ガヤ
ガヤ
男子グループもこわい!!

3
いざ話そうとすると緊張する
なんだ?

4
??
えっと…
話が続かないしー！

5
男子ってむずかしい!!
話すのムリじゃね?

男子と話せなくなるのは中学生あるあるかも!?

小学生時代は男子とわちゃわちゃ遊んでたのに、中学生になると一転《いってん》！　男子と話せなくなっちゃったって子は案外《あんがい》多い。なんだかこわく感じたり、いざ話そうとすると緊張《きんちょう》したり、「勇気をふりしぼって声をかけたのに、話が続かなくて撃沈《げきちん》！」なんて声も。思春期って異性《いせい》を意識《いしき》しすぎて、コミュニケーションがうまくいかなくなる時期。どうしたら自然に男子と話せるようになるかをアドバイスするよ。

STEP 1

男子から話したいと思われる女子になろう！

男子に「どんな女子と話したい？」って聞いたら、多くが口数の多い・少ないにかかわらず、「明るいオーラが出ている女子」って回答。「よく笑う子」や「目を見て話してくれる表情ゆたかな子」って意見のほかにも、「返事が明るい」「サバサバしてる」などポジティブな雰囲気《ふんいき》の子が好印象《こういんしょう》みたい♡ 逆にちょっと…って思うのは、女子同士でかたまって大さわぎしてる子。「落ち着いた明るさ」がキーワードだよ。人見知《ひとみし》りしすぎも男子はこまっちゃうみたい。

男子はこんな女子が好き♡

目を見て話してくれる
明るくてよく笑ってる
落ちついてる
男女関係なくフレンドリー

逆に話しかけづらいのは…

声が大きい
人見知り
ずっと女子グループでいる

同じようで実はちょっとちがう！

話しかけやすい 落ちついている子

話しかけづらい 人見知りな子

口数が少なくて静《しず》かな子でも、笑顔があると話しかけやすいよ。心をとざさないで！

話しかけやすい 明るくてよく笑う子

話しかけづらい 声が大きい子

よく笑う子はいい雰囲《ふんい》気《き》だなって感じるけど、声が大きい子は威圧《いあつ》感《かん》があるかも…

STEP 2 話しかけるタイミングをうかがおう！

男子の中には、「どんなときでも話しかけてくれてOK！」って子もいるけど、恥《は》ずかしさがある子が大多数。「女子と話したいけど、タイミングしだい。空気を読んでほしい！」というのが男子の本音《ほんね》なんです！　逆に言えば、男子が恥ずかしくないタイミングなら、話すチャンスはいっぱいあるってこと。ポイントは「男子が一人でいるとき」。まちがっても、男子同士で盛り上がっているときに突撃《とつげき》するのはさけよう。そっ気ない返しをされる可能性大だよ〜。

男子もちょっと恥ずかしいから、一人でいるときがベスト!!

そうじで一人になったとき

自然に話せるチャンスなうえ、そうじ当番でもないのに手伝ってくれるなんて好感度爆《こうかんどばく》あがり！

休み時間に一人でいるとき

一人がイヤって男子は案外《あんがい》多くて、話しかけられるとうれしいみたい。話題は次の授業のことが◎。

NG 男友だちとワイワイしてるときはさけて！

盛り上がってる男友だちをおいて、女子と話すのは気まずい！　一人になるまで待とう！

帰り道が一緒になったとき

男子だって“ぼっち下校”はさびしい！　そんなときに隣《となり》で話してくれたら女神に感じるって！

STEP 3

話を続けるためのコツを押さえる！

男子が一人のときに、話しかけることはできた！…でも、「一言話して終了！」なんて残念な展開《てんかい》になることもあるよね。男子側も緊張《きんちょう》しちゃうから、話が続かないことはけっこうある。でもそんなときこそ、計画的に用意した話題や態度で、自分から盛り上げていくのが成功のヒケツ♡　まずは、男子ものってきやすい授業やテスト、先生などの学校ネタや、ゲーム、テレビ、SNSなどのハヤっているネタで話しかけてみることからスタートしよう！

こうすると話が続きやすいよ

しっかりリアクションする

そうなんだ!!

自分の話に興味《きょうみ》をもってくれる子や、笑顔で聞いてくれる子にはもっと話したくなるんだって！

まずは共通のネタで話しかける

勉強
TikTok
ゲーム
SNS
テレビ

身近な勉強の話や流行《はや》ってること、給食の時間に流れる曲など、共通のネタならのってきやすい！

笑顔で相手の目を見る

ニコ
ニコ

ニコニコしながら目を見て話そう。会話を楽しんでる感じが出て、話しやすい雰囲気《ふんいき》になるよ！

「○○は？」と疑問形で返す

ハアトくんは？

疑問形《ぎもんけい》で返して話をつなげる作戦！　特に好きなことについて話したい男子も多いからやってみて♪

きにダメなこと！

男子との会話になれてくると、男子がちょっとイヤがる言動をしちゃう子もいるみたい。その原因の多くは、仲よくなった気になってグイグイいきすぎちゃう距離《きょり》感《かん》のカンちがいや、自分の気持ちを押しつけちゃうこと。

気にしてることきいじってくる

男子って案外《あんがい》ガラスのハートのもち主。盛り上げようと発した一言が、相手をキズつけることもある。

グチばかり話してくる

男子の中でダントツに不人気！　グチや悪口は、仲よくなってもぶちまけないのがマナー。

好きな子がいるのを知っているのに話しかける

好きな子の前で、ちがう女子とできるだけ話したくないっていう男子は、けっこういる。空気を読んでね！

ぶりっこ口調

「あざといのは苦手」「男女で態度が変わるのもイヤ」って声多め。素《す》のままでいるのが一番！

コレは注意して

男子と話すと

かわいく見せようとか、男子をドキッとさせたいとか、そんな気持ちもバレバレ！　男子の目には、めんどうな子に映っちゃうみたい。でも注意点さえ意識《いしき》して習慣《しゅうかん》づければ、毎日楽しく話せるようになるはずだよ！

ボディタッチが多い

正直反応にこまるし、好きでもない子からふれられるのはちょっと…っていうのが男子の本音《ほんね》。

すぐに話を終わらせたり リアクションがうすい

すぐに話を終わらせようとしたり、興味《きょうみ》がなさそうな空気を出すのは、相手に対して失礼！

自分の話ばかりする

いくら無口な男子相手だとしても、自分の話ばっかりになるのは×。男子も疲《つか》れちゃうよ。

女子とできない話でも盛り上がれるから男子と話せるって楽しいじゃん♪

コミュニケーションのヒント　恋愛編

男子にモテる話し方

男子にモテる子の声と話し方には、共通点があるらしい！
見た目ではなく声からのアプローチでモテる女子に♡

話し方と声しだいで
モテる女子に近づける♡

タカトくん
宿題やった？
この声の雰囲気
タイプかも！
ドキッ

少し高めのやさしげな声で 男子のハートをつかむ♡

モテるためには、見た目のかわいさも大事だけど、実は話し方や声の雰《ふん》囲《い》気《き》で男の子をドキッとさせられるって、知ってた？　女子にも「この男子、なんかいいな」と思う声や話し方があるように、男子にも「この雰囲気の声が好き」っていうのがあるみたい。ポイントは、やっぱり「かわいらしさ」。ちょっと高めで親《しん》近《きん》感《かん》のある声や、おっとりしていてやさしそうな話し方。さらに、仕草《しぐさ》もかわいかったらもう満点だよ！

モテる話し方テク

女子に嫌われない程度に…！ かわいらしく話す

バレバレのぶりっ子スタイルは、女子からは悪印《あくいん》象《しょう》！ しかも、そんな様子を男子もよく見て、女子と男子で話し方や声のトーンがちがうことに気づいてガッカリしちゃうんだって。それじゃ恋は生まれない〜！ 男子が求めているのは、作られたかわいさではなく、自然体のかわいさ。だから、自分をよく見せようとがんばるんじゃなくて、語尾《ごび》や相《あい》づちなどでかわいさをポイント使いするのがコツだよ。自分的にもムリすると続かないしね！

語尾を少し上げる

教えてくれる〜♪
いいよ!!

頼《たの》みごとをするときにやると確実にモテる方法♡でも、甘《あま》え声《ごえ》はNG、あくまでも自然に！

語尾を「ね」や「の」で終わらせる！

どうしたの？

男子VOICE

THE女子ってかんじ。語《ご》尾《び》にさりげなく方言《ほうげん》が出てるのもかわいい！

語尾《ごび》を「ね」や「の」にしてやわらかい雰囲《ふんい》気《き》に。ただし、使いすぎると、ぶりっ子に見えちゃうよ！

会話の相づちに「ん〜」をはさむ

ん〜たしかにそうだよね

「うん」って相《あい》づちもいいけど、かわりに「ん〜」をはさむことで、より聞き上手《じょうず》さんの印象《いんしょう》に！

モテる話し方テク

話しやすい雰囲気作りがポイント ゆっくり話す

話しやすい落ち着いた雰《ふん》囲《い》気《き》作りも大事だよ。男子と話すことになれてないと、ついあせっちゃうけど、それで早口になったり、何とか話を続けたいからと相手のトークが終わってないのに自分の話をはじめたりするのはNG! まずは深呼吸して落ち着こう。そこから、なるべく相手のペースに合わせるように話していってね。特に、早口の子は、あわただしい雰囲気になりがちだから、相手の話をしっかり聞くようにすると、いいペースで話せるはず!

母音に気をつけて話す!

「あ・い・う・え・お」を意識《いしき》することで、早口を防止して、明るくハキハキした話し方になれるよ。

話す前に大きく深呼吸する

会話をはじめる前に気持ちを落ち着ける儀式《ぎしき》! 緊張《きんちょう》がやわらいで、ふだんの自分が出せるよ。

相手の目を見てペースを合わせる

相手の目を見ていると、話すペースがわかってくるよ! 同じリズムで話すように意識《いしき》してみよう。

男子VOICE

少し下の位置からやや上目づかいで見つめられるとドキッとする♡

口を大きく開ける

口をタテに開いて口角を上げるだけで、表情がゆたかに見えて声も通りやすくなるよ♪

いつもの1.5倍開ける!!

ジェスチャーをつける

楽しい気持ちをアピールするならジェスチャーも追加！ 話がもっと盛り上がるはず。

こんなことがあってね♪

男子VOICE

会話中にリアクションしてくれる子は、明るくて好印象《こういんしょう》だよ！

会話と会話の間を少しあける

ひと呼吸おいてから

間《ま》を意識《いしき》してスローテンポで会話を進めると、相手の会話にわりこむことがなくなるよ。

相手の話を最後まで聞いてから話し始める

うんうん

話を聞いてるときの態度も大事。相《あい》づちを打ったり、ほめ言葉をはさんだりするとGOOD！

「早口でしゃべったらダメゲーム」を一人でやる

ゲームスタート！

だんだん前のめりになっちゃう自分をおさえるために、心の中でこっそり「早口ダメゲーム」をしよう！

モテる話し方テク

好感度もアップ！

声のトーンを高くする

男子に聞くと、「低いトーンで話す子より、少し高めのトーンのほうが、トークも盛り上がる」んだって。とはいえ、もともと声が低めな子もいるし、あからさまなハイトーンボイスはあまりに不自然。目指すは、お母さんが電話するときに声が高くなっちゃう、あの感じ！　声のトーンが少し高いだけで、落ち着いて話しても暗い感じに思われないし、ほどよいノリのよさまで伝わるよ。さらに、笑顔とゆたかな表情で、会話を楽しんでいることを伝えよう！

笑顔で話す

にっこり

笑顔がイヤな人はいないよ♡　笑うと声のトーンも高くなる、そんな自然にモテるテク！

男子VOICE

笑顔の子は会話を楽しんでる感じがして、好感《こうかん》度《と》爆上がりだよ！

今日も暑いね

いつもより大きめの声で話す

お腹に少し力を入れて声をボリュームアップ。歌ってるときのよく通る声をイメージ！

あら、そうなの～♪

いつもより高かったな

ワントーン明るい声といえば、電話中のお母さん！　テンションも少し高くなってよき。

お母さんが電話してるときのイメージで話す

次は移動教室だよ～

まゆげを上げて話す

まゆ毛を上げると声も表情も明るくなるし、目がパッチリ開くから目力もアップする！

モテる話し方テク

透明感が大切♡ ガラガラ声を防ぐ

地声がハスキーなのは個性的で素敵《すてき》だけど、のどのコンディションが悪くてガラガラ声になるのはちょっと残念だよね。そんなときは正しいケアをして、透明感《とうめいかん》のあるかわいい声を手に入れよう！　大事なのは乾燥対《かんそうたい》策《さく》。マスクやこまめな水《すい》分補給《ぶんほきゅう》、うがいでのどを乾燥《かんそう》からしっかり守ろう。しゃべる前にツバを飲みこむだけでも、話しはじめのガサつきを予防することができるよ。のどあめやハチミツをなめたり、温かい飲み物を飲んだりするのも効果的！

しゃべる前にツバを飲みこむ

ごっくん
水が飲めないときに使える

水分補給《すいぶんほきゅう》できないときは、話しはじめにツバを飲みこめばOK。落ち着いて話せる効果も。

マスクをして寝る

乾燥対策にもGOOD

寝てる間に口が開いてると、翌朝のどがガラガラに。マスクをして寝るだけで乾燥予防《かんそうよぼう》になるよ。

登校前にうがいをする

ガラ
ガラガラ

うがい薬やお茶でうがいをしてる子が多いよ。のどをいたわる意味でも、うがい習慣《しゅうかん》は◎。

こまめに水を飲む

休み時間のたびに
マイボトル持参♪

こまめにゆっくり水を飲んで、のどのうるおいをキープしよう！

コミュニケーションのヒント　恋愛編

好きな人をふりむかせる方法

好きな男子とうまくいかない片想い女子も、あきらめずにがんばれば、彼を心変わりさせられると信じて…♡

うまく話せない…
彼には彼女がいる
恋愛する気がないみたい

あきらめないで！

彼のタイプによってポイントを押さえれば…

両想いになるのも夢じゃない♡

好きな人をふり向かせるための努力はムダじゃない

好きな人とうまく話せなかったり、実はもう彼女がいたり…。でも、彼の気持ちをどうにか自分に向かせたい！　そんな切実《せつじつ》な想いを叶《かな》えたい子は、まずは、「なぜ恋が進まないのか」の分析《ぶんせき》からスタート。そこから自分に興味《きょうみ》をもってもらうための大作戦がはじまるよ。ちょっとの勇気と行動力を発揮《はっき》する準備はOK？　今日うまくいかなくても、明日もがんばる！　の前向きな気持ちを忘れないでね。恋する女子は強いのだ♡

CASE 1

私に興味がない彼をふりむかせる方法！

そもそも、私のことはぜんぜん眼中《がんちゅう》にない…。そんな恋愛対象《れんあいたいしょう》どころか、スタートラインにも立てていない感じが、一番つらいよね。でもそれは、きっとあなたの存在《そんざい》を意《い》識《しき》させられてないから！ とはいえ存在感を出そうとしすぎて、彼の前をウロウロしたり、からみまくったりするのは「めんどくさい子」って思われる可能性大。ポイントは「彼の近くで好印象《こういんしょう》を与える」ってこと！ ガツガツアピールするより、さりげないくらいがちょうどいいみたい。

彼の好きなものにくわしくなる

男子VOICE
興味のある話だと盛り上がるし、距離《きょり》も縮《ちぢ》まると思うよ！

彼が好きなものの話題なら、「もっと話したい」と思うみたい。会話も自然とはずむよ！

「●●くん おはよう」など名前を呼びながらあいさつする

男子VOICE
名前を呼ばれるとドキッとする！ 自分に話しかけてる感も◎！

笑顔のあいさつは基本中の基本。名前を呼んで相手にしっかり意識《いしき》させるのがコツ！

素の笑顔を見せる

男子VOICE
いつもニコニコ笑顔の子は一緒にいて楽しいし、仲よくなりたい！

なんだかんだ、男子は笑顔に弱い！ いつも笑ってる子は話しかけやすいんだって。

みんながイヤなことを進んでやる

男子VOICE
誰もやりたがらないことを笑顔で進んでやる子ってやさしいよね

めんどうな役割を率先《そっせん》してやる子は高評《こうひょう》価《か》！ そんな姿《すがた》を男子も見てるよ。

とにかく視界に入ろうと近くをうろうろする

これはNG!

「正直、目ざわり」と男子から、きついダメ出しが。大声で話して存在《そんざい》アピールも逆効果。

CASE 2

恋愛する気がない彼をふりむかせる方法！

男子自身、男同士のほうが楽しいと思っていたり、そもそも恋愛モードに入ってなかったり…。恋愛する気がない男子って案外《あんがい》多いんだよね。そんな彼には、恋愛自体を意識《いしき》させないとはじまりません！ 進んで恋バナをしたり、彼の脳内の恋愛分量を増やす努力が必要。さらにもう一歩進んで、好きをにおわせて、あなたのことを意識させるレベルまできたらかなりいい感じ！「彼女がほしい！」って思わせる日はすぐそこかも♡

ボディタッチを増やす

男子VOICE
やりすぎはダメだけど、ちょっとしたスキンシップはドキッとする！

ボディタッチすると、「もしかして、オレに気がある？」って意識《いしき》するらしいよ♡

恋愛系のマンガや映画をすすめる

男子VOICE
恋愛のことを考えたら、自然とそっちに意識《いしき》が向いていくかも！

キュンとする映画やマンガを見てもらい、「恋愛っていいな〜」と思わせる作戦！

恋愛トークをする

男子VOICE
自分が女子と恋バナできるなんて…って、うれしく思う男子は多い！

「どんな子がタイプ？」から恋バナスタート！ 恋に興味《きょうみ》がわいてくるって意見多し！

「もしも彼女ができたら」と話をふってみる

男子VOICE
話しているうちに、彼女ができたときのことを想《そう》像《ぞう》すると思う！

2人でどこに行きたいかなどの妄想《もうそう》デート話で、「彼女がいたら楽しそう」と思わせる！

「今、カップル増えてるんだって」とあせらせる！

恋愛に興味《きょうみ》のない男子からすれば「だから？」って感じみたい。スルーされる可能性大！

CASE 3

好きな人がいる彼をふりむかせる方法！

彼に好きな人がいる場合も、心がチクッとしちゃうよね。でも考えようによっては、まだ「彼女」ではないから、遠慮《えんりょ》なく接近《せっきん》できちゃう距離《きょり》にいるってこと！　アプローチしだいでは、好きな人があなたに変わる可能性も…♡　そのために、自分の存在《そんざい》が彼の生活の中になるべく自然にいるように行動するのが大事。そして、少しずつ彼と一緒にいる時間を増やしてみて。きっとあなたの毎日もキラキラと輝《かがや》いて、学校に行くのがもっと楽しくなるよ！

いつも明るく笑顔で接する

それでっ？

男子VOICE
小細工《こざいく》するより素直《すなお》に素敵《すてき》な人になれたら、そのほうが魅力的《みりょくてき》！

圧倒的多数《あっとうてきたすう》だったのがこの意見！　自然な明るい笑顔の子に男子は心ひかれるみたい！

ちょっとした変化にいち早く気づく

男子VOICE
髪型とか、ちょっとした見た目の変化に気づいてくれるとうれしい！

よく気づいたね！
前髪切った？

「細かいことに気づく＝いつも見てくれてる」と、彼があなたを意識《いしき》するきっかけになるよ。

彼もふくめた仲よしグループになって一緒にいる時間を増やす

男子VOICE
一緒にいる時間が長いと話題も増えて、おたがい理解が深まるね

最初は「仲よく話せる友だち」でOK。いつか一緒にいるのが当たり前になれますように！

LINEやDMで好きなことをにおわせる

男子VOICE
におわせなんてされたらキュンキュンして恋に落ちちゃうかも♡

オレのこと!?

におわせ〜♡

「好き」って気持ちは言わずに、におわせるくらいで。「まさか…」と意識《いしき》させたら勝ち♡

彼の好きな人（彼女）との仲をジャマする

これはNG!

「他に好きな人がいるらしいよ」って、彼の想いをジャマをするのは×。

CASE 4

彼女がいる彼をふりむかせる方法！

彼女がいる男子を好きになっちゃってる子は、彼女と楽しそうな彼を遠くから見つめるだけの日々を過ごしていてつらいよね。中には、「最低なのはわかってるけど、彼女と別れればいいのに！」って思ってしまう子もいるんじゃないかな？ 誰でも、好きな気持ちにウソはつけません。だから、そう思うのは悪いことじゃないよ。ただ、彼女からうばうというアプローチより、自《じ》分磨《ぶんみが》きをして、自分のよさに気づいてもらうほうがポジティブだよ！

自分磨きをして かわいくなる努力をする

男子VOICE
女子の外見に心が動かされる男子は、案外《あんがい》多いと思います！

自《じ》分磨《ぶんみが》きしてるのは男子にも伝わるみたい。自然と目をひく存在《そんざい》になってモテ女子に♡

彼の恋愛相談にのる

男子VOICE
恋愛相談にのってくれる女子がいるのは素直《すなお》にうれしいです！

彼を知るきっかけになるし、彼女との仲を探るチャンス。でも彼女の悪口はNG！

誕生日とかに ちょっとしたサプライズをする

彼女がいても誕生日を祝うのはアリ。だって友だちだもん！ サプライズでよろこばせて♪

男子VOICE
サプライズされると、その子と一緒にいたら楽しそうと想像する！

彼女のグチを言ってきたら 「私なら●●だけどな」とアピール

チャンス！とばかりに自分アピールするのは、正直イヤな印象《いんしょう》しかあたえないかも。

「彼女がいるのは知ってるけど伝えたかった」と告白してみる

男子VOICE
告白されるのは、やっぱりうれしい。その子のことを考えようと思う！

「彼女がいるのはわかってるけど、伝えたかった」でOK。フラれても意識《いしき》させるのが重要《じゅうよう》。

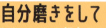

ひょんなことから彼に嫌われてしまった…

ふつうの友だちに戻りたい!!

彼に嫌《きら》われてると感じたら、言動《げんどう》で信頼《しんらい》を取《と》り戻《もど》すのが大事。最優《さいゆう》先事項《せんじこう》は「仲直り」だよ。心をつくせば伝わるはず！

みんなにやさしく親切にして まわりからの評判を上げる

みんなにやさしくできてれば、まわりからの評価《ひょうか》も上がり、結果的に彼のあなたを見る目も、自然と変わるかも！

嫌われた原因がなんであれ 自分からあやまって説明

一歩先に進むには、素直《すなお》に謝《あやま》るのが一番だよ。謝られることで男子の気持ちも落ち着くみたい。

同じ委員会や係になる

必然的《ひつぜんてき》に話すことになる委員会や係はねらいめ。2人きりで話す機会を作って、もう一度少しずつ距離《きょり》を縮《ちぢ》めよう！

ふだんはほとんど会話しないで 行事のときに「がんばろうね」とかメッセージを送ってみる

うまく話せないなら特別な日だけ連絡してみて。彼も仲がよかったころを思い出し、仲直りできる可能性アップ。

コミュニケーションのヒント 恋愛編

男女モテする子になりたい！

男子からも女子からも好かれる人気な子って、毎日が楽しそう！ キラキラしてるそんな子に私もなりた〜い！

男子モテ・女子モテ・男女モテどれが大切？

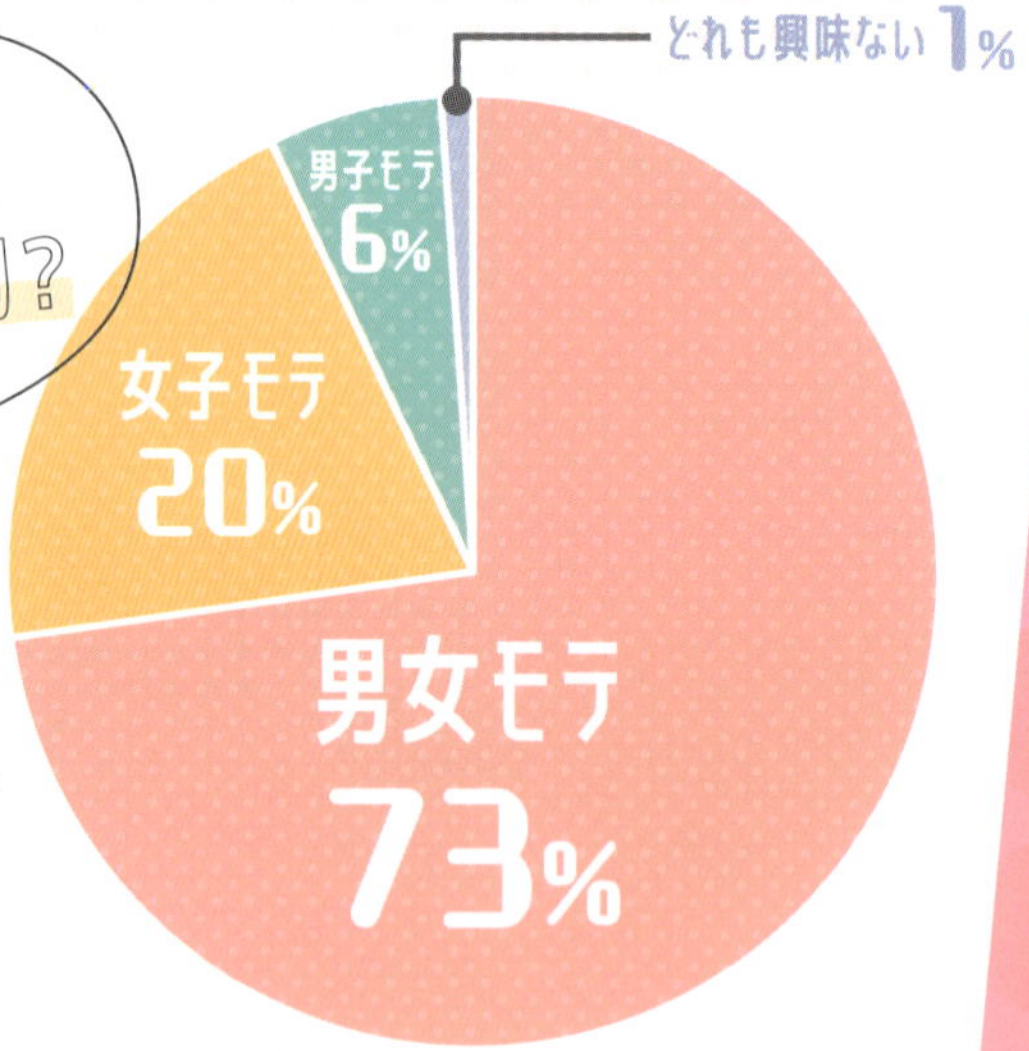

どれも興味ない 1%
男子モテ 6%
女子モテ 20%
男女モテ 73%

男女モテしたい子が多数!!

男子にモテたいけど、それで女子と距離《きょり》ができちゃうのはちょっとちがう。女子からも好かれたいよね！

どーせなら！ 男子からも女子からも好かれる人気者になりたい!!

最強なのは男子からも女子からもモテる子！

彼氏がほしいし、男子にモテたいのが多くの女の子の本音《ほんね》。でも、それでまわりの女子と距離《きょり》ができるのは絶対にイヤ！ 目指すのは、男女問《と》わず好かれる女の子！ まわりを見ると、そんな子って性別問わず友だちにいつもかこまれてて、毎日がキラキラ楽しそうだよね。じゃあどんな子が男女モテするの？ そんな女子になるためには？ ここでは、男女モテのデータから、女子と男子それぞれのモテテクを紹介するよ！

まずは

みんなのモテイメージを調査!!

男女モテする子って、どんな子なんだろう？　ニコラでは、そんなモテイメージを徹底調査《てっていちょうさ》！　その結果、おどろくことに女子側・男子側ともに「いつも明るくて、おもしろくてノリがいい子」が上位にランクイン！　やっぱり元気で話しやすい子は人気があるみたい。ビジュアル面では、肌《はだ》や髪《かみ》のキレイさが注目されていたよ。特に男子は清潔感《せいけつかん》をチェックしている様子《ようす》です。髪型や持ち物、制服の着こなしも、小ぎれいにしておくのが大事だよ！

男女モテする子の見た目って？

男子の意見

順位	
BEST 1	肌がきれい
2	持ちものがおしゃれ
3	目がぱっちり

女子の意見

順位	
BEST 1	髪がサラサラ
2	肌がきれい
3	目がぱっちり

女子は「美髪＝女子力高い」って感じてるみたい。肌は男子にも見られてた～！

肌がきれいなのはポイント高い!!

男女モテする子ってどんな子？

男子の意見

順位	
BEST 1	いつも明るい
2	おもしろい・ノリがいい
3	聞き上手・フレンドリー

女子の意見

順位	
BEST 1	いつも明るい
2	おもしろい・ノリがいい
3	やさしい

3位の意見が男女でちがうけど、フレンドリーさもやさしさもどっちも大切だよ！

目を見て話を聞いてくれるとうれしいよね☆

髪サラサラ
目ぱっちり
いつも笑顔
持ってるものがおしゃれ
明るい性格

明るくて元気で話しやすい！ それが男女モテの共通点!!

女子モテするOK行動 NG行動

「女子モテ＝女子から人気がある」ってことだけど、実際問題、同性だからこそ細かいところまでチェックされてるから気が抜けない！ まず、女子モテするヒケツは、前のページの「モテイメージ」でもランクインしてた「明るい」「おもしろくてノリがいい」を行動として起こせば○K。いつも笑顔で、フレンドリーかつリーダーシップがあるように意識《いしき》しよう！ それに加えて、友だちの悩み相談にのるなど、聞き上手になれば、もう無敵《むてき》だよ！

OK行動

あだ名呼びで距離をちぢめる

ろーちゃん
ろーちゃん！

もっと女子モテ♥
あだ名はかわいく&親近感あるものが◎

かわいいあだ名で呼べば距離《きょり》がグッと縮《ちぢ》まるよね。あだ名は、呼ばれてうれしいものにしよう！

クラスのイベントに率先して参加する

私がまとめるね！

行事に積極的《せっきょくてき》に参加すれば、友だちとの交流チャンスも増加。リーダーシップも発揮《はっき》して。

誰に対しても気軽に声をかける

一緒にやろ〜

もっと女子モテ♥
話したことのない子にも声をかけて！

いろいろな子と話せるって、フレンドリーな感じがするよね。ノリもよさそうに見える！

友だちの**悩み相談**に親身になってのる

実は悩んでてさ…
そっか、気持ちわかるよ

もっと女子モテ♡

悩み相談は信頼の証♡
真剣に聞いてね！

自分の話ばっかりの子は、明るくてもちょっと苦手。聞き手にもなれる子が女子から信頼《しんらい》されるよ。

ネタや変顔はいつも全力！

ノリがいい子って一緒にいると楽しい！　かわいこぶらずに、ネタ系は全力が絶対！

バーーーン！

NG行動

ふ〜まにあった
ボロッ

身だしなみに興味がない！

おしゃれでなくとも、清潔感《せいけつかん》を大事にしようってこと。だらしないと敬遠されて、もったいない！

会話ネタがオタク200%!!

変身ヒロインアニメ
少女マンガ
アイドル

オタクなのはいいけど、度が過ぎると同じ界隈《かいわい》の子としか仲よくなりづらいってことも…。

教えてほしいな〜♡

人によって態度がちがう

男子はもちろん、女子にも態度がちがう子って、友だちに優劣《ゆうれつ》をつけてる感じがして、信用できないかも。

男子モテするOK行動NG行動

今度は男子側から見た「モテる女子」の特徴《とくちょう》を発表！　ふわふわ系の子がモテそうなイメージがあると思うけど、実際は元気で明るい子のほうが男子モテするみたい。そして女子同士の行動をさりげにチェックしてる男子が多いことも判明《はんめい》！　男女で態度がちがったり、女子グループで悪口を言うのはNG。それから、人見知《ひとみし》りでLINEもできないほど奥手《おくて》だと、「仲よくなるキッカケがないからつらい」と思う男子もいたよ。

OK行動

気軽に下の名前で呼ぶ

「下の名前で呼ばれると、仲よくなった気がする」とのこと。いい感じのあだ名もアリ！

よく笑っている！

真顔《まがお》だと男子は話しかけにくいみたい。笑顔でいるだけで、一気に話しかけるハードル下がるって！

男子にも女子にも距離感が一緒！

「誰に対しても平等な態度」にこだわってる男子は多いよ。男子にだけやさしいのはバレます！

清潔感高め！

アホ毛ナシ
ほんのりいい香り
くちびるツヤツヤ
結んでいても
髪はサラサラ

身だしなみが整っているかは、超《ちょう》重要《じゅうよう》！　おしゃれさより清潔感《せいけつかん》を最優先《さいゆうせん》で身じたくしよう。

ノリがよくて話しやすい！

わかるわかる！

男子的には、あんまり緊張《きんちょう》せずに話せる子がうれしいみたい。ノリのよさが大事！

NG行動

女子同士で悪口を言う

サイアク～
ムリ！

悪口言ってるときの表情がこわいし、「陰《かげ》で自分も言われてそう」って警戒《けいかい》されちゃう。

とにかくうるさい！

ギャハハハ

「明るくて元気」「ノリがいい」は大歓迎《だいかんげい》だけど、「うるさいのは苦手」って声が、かなり多かった！

しっかりしすぎてスキがない

次の授業は…
よし!!

「完璧《かんぺき》すぎると話しかけにくい」って男子も。ちょっと抜けてるところもかくさないでOK。

もの・趣味・SNS

ここでは男女両方モテをきわめるために、どうすればいいか教えるよ！　まずは重要視《じゅうようし》されてる「清潔感《せいけつかん》」を演出するための学校ケアアイテムはそろってるかな？　校則ＯＫの範囲《はんい》で、自分のビジュアル管理に必要なものや、こまってる友だちに貸《か》せるものをポーチに入れて持ち歩こう。そして内面的《ないめんてき》な部分では、「話題《わだい》豊富《ほうふ》な子」を目指して、友だちが好きそうなネタにくわしくなっておくのもポイント！　まずはＬＩＮＥから交流する子も多いから、アイコンも好感度《こうかんど》が高いものにしておくといいよ。

男女モテ確実な学校ケアアイテム

ハンドクリーム
くし
ばんそうこう
ミラー
ヘアピン
ハンカチ
ティッシュ

コスメぎっしりは、学校だと場ちがいで引かれちゃう。清潔感《せいけつかん》をキープするアイテムを整理整頓《せいりせいとん》して持ってるかが重要《じゅうよう》。

ポーチできっちり整理は必須条件♡

男子の声

ハンドクリームやばんそうこうを持っているのを見ると、女子力を感じるよ！

追加で持ってるとさらに女子力アップ！

目薬
除菌ジェル
制服用コロコロ
リップクリーム
汗ふきシート
マスクケース

上の基本アイテムに加えて、持ってると「おっ！」と思われる格上《かくあ》げアイテムはコレ！

男女両モテの持ち

男女モテする趣味ランキング

「モテ」のために趣味《しゅみ》をもつわけじゃないけど、趣味のアピールのしかたには要注意！

BEST 1 TikTok・YouTube

2 アニメ・マンガ

3 K-POP

4 スポーツ

自分の知らないことを教えてくれるのはうれしいけど、度《ど》が過《す》ぎるのは正直こまるな…。

男子の声

〇〇がダメというよりも熱量が強すぎるとビックリすることもあるみたい！

逆に男子に響かない趣味って？

- ボカロ
- コアなお笑い
- 男性アイドル

男女モテするSNSのアイコン

LINEやインスタのプロフィールで最初に目がいくのはアイコン。男女どちらからも評判《ひょうばん》がよかったのはこの4つだよ！

ペット

おしゃれ私服

友だちとのプリ

景色などシンプルなもの

評判がよくなかったのはコレ！

キャラクター

推し

自撮り

コミュニケーションのヒント 恋愛編

体育祭&修学旅行の成功恋テク

楽しみすぎてソワソワの2大行事には、恋のチャンスもいっぱい！ 好きな人と急接近《きゅうせっきん》できちゃうかも♡

修旅&体育祭は最大の恋のチャンス!!

好きな人とも急接近♡

毎年たくさんのカップルが爆誕してる2大イベント！

多くの子が楽しみにしてる体育祭と修学旅行。そのワクワク気分は、男子だって同じ！ テンション上がってるから、ふだんはできない思いきった交流ができて恋が加速《かそく》するってウワサ♡ 特に体育祭は「急接近《きゅうせっきん》できて、青春感じる！」、修学旅行は「中学生活最大の恋のチャンス」と言われてるの。実際、毎年たくさんのカップルが誕生してるみたいだよ。このチャンスを使わない手はないよね。成功恋テク、教えるね！

まずは みんなの成功 恋エピソードを紹介！

ニコラ読者からも、体育祭、修学旅行ともに、成功恋エピソードが続々届《とど》いてるよ♡ 体育祭は「勝ったら〇〇」っていうように、勝敗にからめて恋の発展《はってん》が期待できる行事みたい！ 男子も勝ったそのままのハイテンションで、どさくさにまぎれて好きな子に突撃《とつげき》してる様子《ようす》がうかがえるよ。修旅の非日常の世界観に、男子も気持ちがやわらかくなって、突然やさしくしてくれるっていうハプニングも！ みんなにもハッピーな恋エピが生まれますように♪

修学旅行 恋 エピソード

みんなの修旅 恋エピ①

（中3・ゆなちゃん）

私が足場の悪い場所でころびそうになったとき、「危なっかしすぎな」ってつぶやいて手をにぎってくれた♥ いつもそっけないけど、Sっぽくてかっこよかったです。

みんなの修旅 恋エピ②

（中3・まなちゃん）

砂浜で貝がらを探してるときのこと。なかなか見つけられない私に、彼がキレイな貝がらを突然プレゼントしてくれたの。やさしすぎて胸キュンがとまらなかったです♥

みんなの修旅 恋エピ③

（中2・こころちゃん）

好きな人とちがうクラスだから、修旅でも話せないんだろうなって落ち込んでたんだ。だけど、たまたまバスが隣《となり》にとまった時に彼がバス越しに手をふってくれて…。一気に距離《きょり》が縮《ちぢ》まった感じがして、うれしかった♥

体育祭 恋 エピソード

みんなの体育祭 恋エピ①

（中2・さきちゃん）

「もし、赤組が勝ったら伝えたいことがある」って言われて、ずっとドキドキしてたんです。そしたら、赤組が優勝した瞬間《しゅんかん》、彼が司会のマイクで公開告白！ 恥《は》ずかしかったけど、すごくキュンキュンしました♥

みんなの体育祭 恋エピ②

（中1・みなみちゃん）

リレーで1位になった彼氏。みんながいる前で私に向かってガッツポーズをしてくれました♡ 恥《は》ずかしかったけど、自慢の彼氏だなって思ったよ♪

みんなの体育祭 恋エピ③

（中3・みやちゃん）

借り人競争で「かわいい子」というお題を引いた男子が、彼女のところに走って行ったんです！ 恋人つなぎをしながらゴールしてて、見ているこっちまでドキドキしたよ♥

積極的な子が恋を制する！

体育祭で使える恋テク

クラスみんなで目標に向かって一つになる、感動のアオハル体育祭！　汗が光る男子はよりかっこよく、夢中でがんばる女子もキラキラ輝《かがや》いて見える…そんなアドレナリン出まくりのこの行事。恋の魔法がかかるってウワサだよ♡　練習にはじまり、競技の当日の興奮《こうふん》、さらには帰宅後のお疲《つか》れさまLINEまで、恋チャンスがたくさん！　それに、体育祭当日に男女で円陣《えんじん》を組んで「がんばるぞー！」的なのも、男女間の距離《きょり》を縮《ちぢ》める後《あと》押《お》しになってるよ。

かわいくバトンパスできるようにイメトレ

こんなかんじ？

家の鏡で、ちょい上目づかいでバトンパス顔の特訓《とっくん》を！　一瞬のきゅん顔に勝負かけて！

苦手な競技の練習を手伝ってもらう

こう？
もっとうでを曲げて？

男子の「教えたい」欲をみたす恋テク。苦手克服《にがてこくふく》にもなるし、恋も進むしで一石二鳥《いっせきにちょう》！

前日に「応援してるよ」とメッセージを送る

応援してるよ♡

ふだんLINEできる関係性じゃない男子とも、体育祭ならLINEしても不自然じゃない！

不器用な男子にハチマキを結んであげる

しょうがないなぁ♡
サンキュー！

この急接近はヤバイ♡　しっかり者の彼女ってノリも男子はイヤじゃないみたいだよ。

日焼け防止を理由に
好きな人のジャージを貸してもらう

あ、ありがと
コレ、使えよ!

彼氏の服を借《か》りてる風♡　理由は「日焼け防止」のほかに、「ちょっと寒い」でもOKだよ。

バトンをわたすとき
一言さけぶ

オレがまき返す!
がんばって!

バトンをわたす瞬《しゅん》間《かん》に「がんばって!」ってさけべば、あなたは彼の勝利の女神♡

競技後に
水をわたしてあげる

おつかれさま!
ありがと!!

競技で大活躍《だいかつやく》した彼に、冷たい水をわたす恋テク。気分は、好きな彼の専属マネージャー!

とびきりの笑顔で
「かっこよかった」と伝える

かっこよかったよ♡

男子って「かっこいい」と言われたい生き物。さわやかスマイルで言われたら超うれしすぎる!

好きな人の名前を呼びながら応援する

エイトくん、がんばれー!!

応援されてる側はけっこう聞こえてるらしい。ここぞとばかりに下の名前で呼んじゃう!?

いつもとのギャップを見せるのがポイント！

修学旅行で使える恋テク

修学旅行はお泊《と》まりだから、ふだんの学校生活とはちがう一面が見せられるチャンスがどっさり！ そのギャップにドキッとするって男子が多いことが判明《はんめい》。まず大きいのが、制服から私服になったり、校則にしばられない自由なヘアスタイルができること。いつもとちがうノリのよさで彼の視線をクギづけにさせるのも効果的♡ また、修学旅行ならではの男女グループ行動タイムにも期待大。ふだんなかなか話せない男子とも恋が生まれるかも！

私にまかせて

班のリーダーになって しっかり者の一面をアピールする

道に迷うなどトラブルの多い修旅。頼《たよ》りになる女子に恋心を感じる男子もいるみたい！

バスで隣の席になったら肩ズンする

隣《となり》の席になれたらBIGチャンスと認識《にんしき》せよ！ 寝落ちしても、彼はドキドキ♡

はしゃいでる姿かわいいな

いつもはまじめキャラだけど 思いっきりはしゃぐ！

いつもはひかえめな女子が楽しそうにはしゃぐ姿…そのギャップから目が離《はな》せない♡

いざとなったらすぐ貸せるように 女子力グッズを持っていく

ばんそうこうに代表される女子力グッズを、こまってる子に笑顔で「ハイ！」とさし出そう！

コレ
使って♡

おふろあがりのギャップにドキッとさせる

髪をマジメに結《むす》んでる子が、おふろあがりにぬれ髪でいると、恋のスイッチが入るとか…！

「制服じゃないと雰囲気変わるね」とつぶやく

ポツリとつぶやくのがコツ！　照《て》れかくししてても、内心ニヤついてる男子は多いのだ♡

ツーショットが恥《は》ずかしければ、友だちに協力してもらって距離《きょり》を縮《ちぢ》めよう！

写真を撮るとき、友だちに「もっとくっついて」と言ってもらう

地図が読めないアピールで距離を縮める

好きな人に自然に近づく方法。2人で1つの地図を読むって、まるでカップルの距離感《きょりかん》!!

ストレートに想いを伝えたい子向け。どさくさまぎれでもガチな告白は、彼の心にささる！

愛してるよゲーム中に告白する

ニコラ学園

放課後相談室

Counseling Room

～恋愛のお悩み～

誰にも言えない悩みをこっそり話せる「放課後相談室」。告白する自信がなかったり、親友と同じ人を好きになっちゃったり…そんな「恋愛の悩み」に答えるよ！

生徒会メンバーが答えるよ！

リリカ

ルナ

ミユウ

シャノン

フタバ

コハナ

人気者の彼と仲よくなりたい！

サッカー部のKくんが好きなんだけど、勉強も運動もできて男女みんなから大人気で…（中2・ななちゃん）

【フタバ】彼からあんまり話しかけてこないんだったら、自分からどんどん話しかけに行っていいと思う！【ルナ】たとえば「ノート見せて？」とかきっかけを作って、自分からいっぱい話しかけに行くのがいいかもしれないね。【フタバ】もし、クラスのグループLINEがあるんだったら、Kくんを追加して連絡してみたり、インスタをやってたらフォローして共通点《きょうつうてん》を探すのもおすすめ。【ルナ】タイミングがきたらストーリーに反応するのも効果的《こうかてき》だよ。【フタバ】きっかけがあればDM送ったり♡　最初は勇気がいるかもしれないけど、行動あるのみ！

勇気がいるけど自分から行動するのが大事

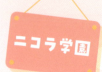

告白したいけど自信がない

告白したいんだけど、自分に自信がなくて…。どうやったらうまく気持ちを伝えられる？（中1・ひなちゃん）

【シャノン】彼が好きなファッションや髪型にして、自信をつけるのはどうかな？【ミュウ】いいね！ もし好きな人の好みをまだ知らなかったら、みんなに聞くフリをして探《さぐ》るか、友だち経由《けいゆ》で聞いてもらえば、好きバレしにくいかもね。【シャノン】告白するときは、「こんな私でもよかったらつき合ってください」って感じだとマイナスに聞こえちゃうから、シンプルに「好きです」って伝えられればOKだと思う。【ミュウ】ついいろいろなこと言っちゃいがちだもんね。あと手紙もいいよね。考えたことをそのまま伝えられるから失敗しにくいし！

告白するときは伝えたいことだけにしぼろう！

ひと目ぼれした彼と接点がほしい

1つ年下のHくんにひと目ぼれしました。まずは友だちになりたいんだけど、いきなり話しかけてもいいものか悩み中。学年も部活もちがうから、仲よくなるきっかけがなくて…どうしたらいい？（中3・あんちゃん）

【コハナ】自分から動かないことには進まないから、積極的《せっきょくてき》に話しかけちゃっていいと思うよ。【フタバ】いきなり話しかけるのがむずかしかったら、友だちから連絡先を聞いてもらうのもいいね。ウソも方便《ほうべん》っていうから、「私の幼なじみに似《に》てるんだよね」みたいな会話できっかけを作ったり。【コハナ】あと、彼が昼休みに外でサッカーをしていたら、自分はその近くでバレーをやって自分の存在をアピールするとか…（笑）。【フタバ】まずは自分の存在を知ってもらって、そこから自分の気持ちを知ってもらえるように接するといいんじゃないかな。

仲よくなるきっかけを積極的に作ろう！

意識しすぎて話しかけられない！

好きになれたことを
ポジティブに
とらえてみて♡

片想い中のTくんにバレンタインのチョコをわたしてから、意識《いしき》しすぎてうまく話せなくなっちゃったの…！DMではやりとりしてるんだけど、直接どうやって声をかけたらいいのかな？（中3・かほちゃん）

【リリカ】好きな人を意識しすぎてうまく話せなくなる気持ちわかる～。【ルナ】毎日DMでやり取りするくらい話がつきてないってことだから、話しかけたらきっとうまくいきそうだよね。【リリカ】そうだね。ちゃんと人を好きになれるってなかなかないことだし、その気持ちを大切にしてほしいな。話しかけにくかったら手をふったり、ちょっと目を合わせてニコっとするとか♪【ルナ】それをきっかけに話しかけるのはいいね。わざわざ用事を作らなくても、目が合ったら「あっ！」みたいなね♡「おはよう」ってあいさつするのもいいよね！

ふられたけどあきらめるべき？

あこがれていた部活の先輩に告白したら「気になってるけど、好きじゃないからまだつき合えない」って言われたの。これってまだ可能性あると思う？それともあきらめるべきなのかな？（中2・ゆめちゃん）

【コハナ】こんなこと言われたら「希望あるのかな～」って思うよね。ゆめちゃんがまだ先輩を好きで、この恋を続けたいんだったら続ければいいと思う！【フタバ】好きでいるのは自由だもんね。【コハナ】ゆめちゃんが好きでいる間に、彼も好きになってくれるかもしれないし。まずは友だち感覚で話していけばいいと思う。【フタバ】一定の距離《きょり》をキープしつつ、自然の流れにまかせよう。今すぐ決めなくても、時間をかけてもいいと思うよ。ゆっくり決断《けつだん》してほしいな。

あせって決めずに
様子を見てみて！

ふられた彼との関係が気まずい

他クラスのTくんに告白をしたんだけど、「好きな人がいるから」ってフラれちゃった。でも最近、クラスがえで同クラ&隣《となり》の席になっちゃって…！　どう接していいかわからなくて気まずいんだ。（中2・みゆちゃん）

【シャノン】私なら、逆に「もっと私のいいところを見せてやる！」くらいの勢《いきお》いで明るく話しかけるかな。【ミユウ】Tくんも「好きな人がいるから」って、はっきり断ってくれたわけだし、悪い関係ではないから、気にしすぎはプラスにはならないと思うよ。【シャノン】無理して話しかけたりする必要はないから、自然にあいさつしたり、わかんないところがあったら質問したりくらいの関《かか》わり方がいいんじゃないかな。【ミユウ】はりきって話しかけすぎたら相手もとまどうかもしれないから。最小限《さいしょうげん》くらいが一番いい距離《きょり》な気がする。

最小限のかかわりで問題ないよ〜！

親友と同じ人を好きになっちゃった！

親友Yちゃんが片想いしているAくんのことを、私も好きになっちゃったの…！　Yちゃんは、どう思うかな？　どのタイミングでどうやって話せばいいのかな？（中2・あきちゃん）

【ミユウ】自分の気持ちをおさえておくのはつらいから、きちんと伝えたほうがいいよね。【コハナ】もし私が友だちに、「同じ人が好き」って言われたら、「じゃあ、おたがいにがんばろうね」って言えると思う。好きな人がかぶったことで関係がくずれるなら、親友って言えないんじゃないかな。【シャノン】だまっていることが2人にとって一番よくないよね。「実は、私も好きなんだよね」ってふつうに話すのはどうだろう。【コハナ】それに一緒の人が好きだったら、「今日のAくん、こうだったよ♡」「え、そうなの！」みたいに話が盛り上がりそう。

好きな人が一緒だと逆に盛り上がれるかも!?

先輩に告白したい！

気になっているY先輩に、バレンタインチョコをわたしたいと言ったら、「誰かに見られたら気まずいから、ごめん」と言われました。でも好きな気持ちを伝えたくて、どうやって告白するべき？（中2・りなちゃん）

【ルナ】「チョコをわたしたい」って言った時点で、ある程度、気持ちは伝わってると思うよ。【リリカ】もし先輩とLINEを交換しているなら、「いま電話してもいいですか？」って告白の前に一度連絡したほうがいいかも。電話できたらまずは軽く雑談《ざつだん》して、「実は先輩に言いたいことがあるんです」ってもっていく。そこから「先輩のことが好きです…」って告白する流れはどうかな。【ルナ】なるほど！ 声で相手の雰囲気《ふんいき》を察《さっ》しないと自分も不安になるし、LINEよりも直接や電話で気持ちを伝えるのがおすすめだよね。

自分の声で直接伝えるのがおすすめだよ♡

彼氏とうまく話せない…

つき合いはじめたら彼とうまく話せなくなっちゃって…。彼、一緒にいても楽しくないのかな？（中3・さなちゃん）

【リリカ】「楽しくないのかな？」って思っているのは、自分だけかもしれないよ。【コハナ】もしかしたら彼も同じことを思っているかもしれないから、自分から「ちょっと気まずいね（笑）」ってそのことにふれてみるのはどうだろう。意外と「ボクもそう思っていた」ってなるかもしれないよ。【リリカ】正直に言うのはアリですよね。あと、休みの日に2人で遊びに行くのはどうかな？ 新しい話題で盛り上がれるかもしれないよ。【コハナ】前はどんな話をしていたか思い出してみるのもいいよね。気まずい状況《じょうきょう》を変えるきっかけ作りを意識してみて。

2人が自然に話せますよーに！

「好き」って何？

最近、「好き」って気持ちがわからなくなっちゃったの。前は好きな子と遊びに行くと、「あぁ～好き♡」ってなったんだけど…。（中3・るるちゃん）

【ルナ】奥が深いですね。ミユウ先輩は「好き」ってなんだと思いますか？【ミユウ】う～ん…何にもしてないときに、自然と頭の中にポンと浮かんじゃう人かな？　たとえばおかしを作って、「これを誰にあげよう？」って考えたときに最初に思いつく人とか。【ルナ】なるほど！　その人のことを考えると、いい意味で胸《むね》が苦しくなることも「好き」って感情かもしれないですね。【ミユウ】でも、私は無理に好きな人を作らなくてもいいと思う。「好き」の気持ちを味わいたいなら、芸能人やモノから気になるものを見つけるのもいいんじゃないかな♪

好きな人を無理に作らなくて大丈夫だよ♪

別の誰かが告白しないか不安

小学校が一緒のＩくんに片想い中なんだけど、中学でクラスがはなれちゃったの。実は最近、モテ女子のＹちゃんがＩくんに近づいてるみたいで…不安。告白したほうがいいかな？（中2・えなちゃん）

【シャノン】あせってしまって告白するのはちょっと危険かも。まずはあいさつしたり、目が合ったときにニコッと笑って距離《きょり》を縮《ちぢ》めるのはどうかな？　まだＬＩＮＥ交換してないんだったら、交換して少しやりとりするのもいいよね。【ミユウ】ふだんあんまり話してないなら、「久しぶり～」って声かけちゃうのもありじゃない？　まずは告白する前に、短い言葉でも話しかけるのがいいと思う。【シャノン】告白するのはそれを続けて男子が照れはじめたころ！　ちょっと脈《みゃく》ありだなと思ったら他の子にとられる前に告白したほうがいいと思うよ♡

まずは距離を縮めてみよ♡

本当のライバル

ヒソヒソ、コソコソ……とした女子たちの会話の合間に、ときどき、自分の名前が出てくることに気づいたミユウは、「またか……」とため息をついた。自分の名前と同じくらい——いや、それよりも高い頻度《ひんど》で「向坂凪《こうさかなぎ》」の名前が出ているから、たぶん間違いない。

ミユウのクラスメイトである向坂凪は、この学校でトップクラスのイケメン男子だ。勉強もスポーツもひととおり得意で、そこに加えて、流行のファッションにも詳《くわ》しくて、Ｋ－ＰＯＰアイドルっぽい雰囲気《ふんいき》がある。いつも笑顔で優しいイメージだし、ウワサによると歌もかなりうまいらしいから、「どんだけもってるんだ」とミユウも思う。

でも、それだけだ。ミユウにとって凪はただのクラスメイトで、それ以上でもそれ以下でもない。ただ、「それ以上」に凪を想っている女子たちからすると、ミユウは目障《めざわ》りらしい。理由は、「いっつも凪くんとベタベタしてる」「彼女ぶってる」というようなものだ。

ミユウは、あくまでクラスメイトとして凪に接しているだけだ。クラスメイトだ

から話しかけることもあるし、好きな歌手の話で盛り上がることもある。そうすると、凪も気さくな笑顔でこたえてくれる。けれど、凪に想いを寄せる女子たちにとっては、それだけで気に食わないようで、彼女たちから理不尽《りふじん》にからまれたことは一度や二度ではない。

「ミユウって、彼氏いるんでしょ？　なのに、凪くんにも気に入られようとして、どういうつもり？」

「凪くんが優しく相手してくれるからって、調子のってるよねー」

「あんたなんか、凪くんの『特別』になれるわけないから！」

　だと思うならほっといてください、こっちには下心なんて1ミリもないんで！と思うし、ちゃんと「ただのクラスメイトだよ」と否定《ひてい》もしているのに、なぜか「凪ファン」の女の子たちはミユウに敵意を向け続ける。

「あー、マジでイヤになる！　ネチネチネチネチ、イヤミばっか。耳が納豆《なっとう》になりそう」

「ミユウは、誰にでも分《わ》け隔《へだ》てなく接してるだけなのにね」

昼休み、中庭でお弁当を食べながらグチるミユウに、親友のシャノンは気づかうような微笑《ほほえ》みを向けた。

「わたしはミユウのそういうところ、尊敬してるよ。女子にも男子にも裏表なくって、そういうのって誰にでもできることじゃないって思うもん。向坂くんはクラスメイトなんだから、話をするのもあたりまえだし、そこに文句言うなんて、ただのクレーマーだよ。相手にする必要ないよ」

「ありがとう、シャノンー！　やっぱりシャノンは、あたしの親友だぁ！　もう大好き！」

食事中なのにもかまわず、ミユウはシャノンに抱きついた。「ちょっと！　やめてよ、ミユウ」と言いながら、シャノンも笑っている。

そんなふうに、2人が親友どうしの時間を楽しんでいると、すっと誰かが近づいてきた。

「『相手にする必要ない』とか聞こえたけど、それってわたしたちのこと？」

ミユウたちが食事しているベンチの前に、他クラスの女子が3人、立ちふさがる

ようにして、並んでミユウたちをにらんでいた。

「伊藤《いとう》シャノンちゃん……だっけ？　今、わたしたちのこと話してたよね」

「それは……べつに、特定の誰かがどうっていうわけじゃなくて……」

「シャノンを巻《ま》き込《こ》まないで。文句があるなら、あたしに言えば？」

　シャノンをかばうように腕《うで》を伸《の》ばしたミユウを、3人の女子たちは、さらに鋭《するど》くにらみつける。グッと下唇《したくちびる》をかんだミユウに、女子たちは投げつけるように言った。

「こんなところでみんなの陰口《かげぐち》なんて、ヒドくない？　凪くんに言っちゃおうかなー」

「そしたらミユウ、凪くんに嫌《きら》われちゃうかもね」

「あのねぇ……もともとそっちが勝手にカン違いして、イヤミ言ってきたんでしょ？　凪くんのことは、ただのクラスメイトとしか思ってないって、何回も言ってるのに」

「そうやって、クラスメイトだっていうのを利用して凪くんに近づいてるんでしょ？　それでウチらにマウントとってるつもり？」

「だから、いつ、誰が、マウントとったの？　妄想《もうそう》がスゴすぎて感心するレベルな

んですけど」

「そういう態度が気に入らないって言ってんの！」

ミユウを取り囲む女子たちの顔に、イラ立ちが濃く浮かんだときだった。

「どうしたの？　大きな声なんか出して」

ミユウとシャノンをふくむ、その場にいた女子全員が、息をのんだ。

横からマイペースな口調で言葉をはさんできたのは、まさに向坂凪その人だった。今の今までミユウを責め立てていた3人の顔からは急に敵意が抜け落ちて、「な、凪くん……！」と、突然のご本人登場に、すっかり混乱している様子だ。

それを見逃さなかったのは、シャノンだった。

「ミユウの相談にのってたの！」

「相談？」と、凪が首をかしげながらシャノンに目を向ける。こくこくと、シャノンは力いっぱい首を縦《たて》に振《ふ》った。

「じつは、ミユウと仲のいい男の子のことを好きな女の子がいてね……！　その女の子から、ミユウ、『その男の子にイイ顔してる』『じつは好きなんじゃないの？』っ

て、カン違いされてるの！　それでミユウ、ずぅーっと困《こま》ってて……」

「カン違い」というところに、シャノンは力をこめた。「ずぅーっと」も、いつもより長めだ。

　シャノンの言葉が、目の前にいる「凪ファン」の女子３人に対する「牽制《けんせい》」だということが、ミユウにはわかった。これで女子たちが立ち去ることを、シャノンは期待しているのかもしれない。

　けれど、実際に先に反応したのは凪だった。

「それは松田さん、大変だね。恋愛で誰かをライバル視するのはわかるけど、思い込みだけで勝手に敵認定《てきにんてい》して、イヤミ言ったりイヤガラセしたりするような子って、僕は苦手だなー。人の気持ちを想像できない人なんだなって思っちゃうよ。『わたしの好きな人と仲よくしないで！』なんて、めちゃめちゃジコチューだよね。そんなこと言う前に、自分はちゃんと、その好きな相手に気持ちを伝えたの？　って感じだよ。ね、天堂《てんどう》さんたちもそう思わない？」

　すらすらとそう言って、最後に凪は、ミユウたちを取《と》り囲《かこ》んでいた３人の女子た

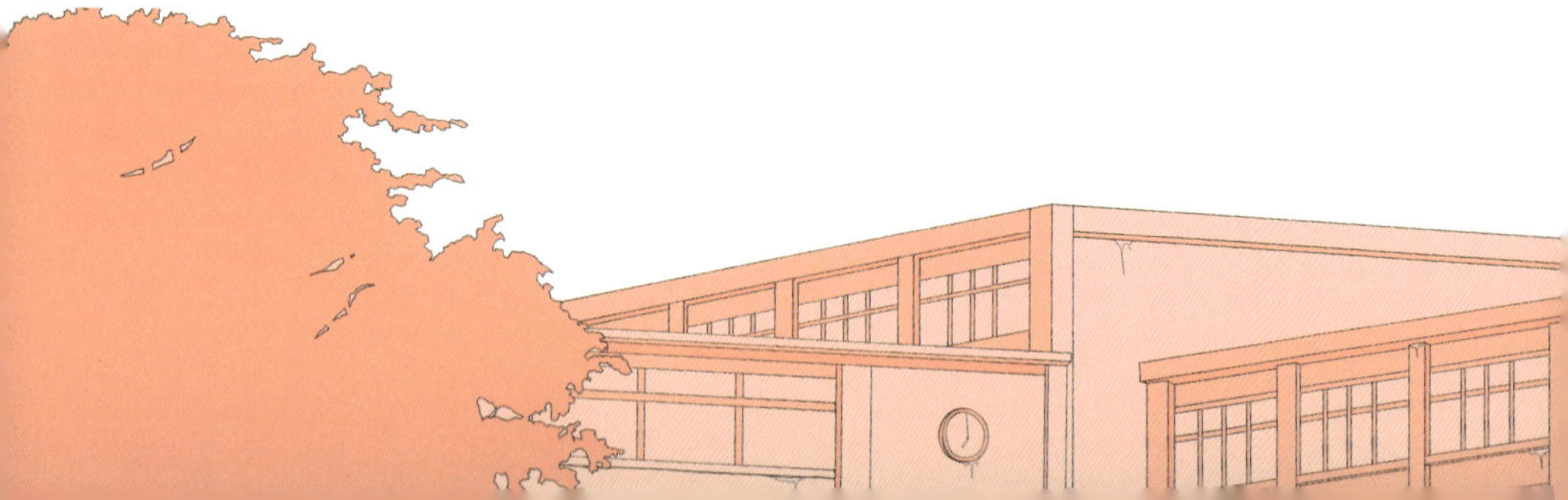

ちに、くるりと顔を向けた。先頭に立っていた天堂という女子が、かぁっと一瞬《いっしゅん》で顔を赤らめる。それは、想いを寄せている凪に見つめられた恥《は》ずかしさのせいじゃないだろうなと、ミユウにはわかった。

「凪くんの言うとおりだと思う……！」

　強張《こわば》った笑顔でたじたじになりながらも、「天堂さん」は、やっとのことでそう言った。それから、すぐさまうしろの2人に向かって「行こ……！」と声をかけて、そそくさとその場を離れていく。ミユウとシャノンは、ぽかんとその3つの背中を見送った。

「あれ？　行っちゃった」

　凪は不思議そうにつぶやいたけれど、ミユウは、凪がその顔に少しだけ意地悪な微笑《ほほえ》みを浮かべているのを見逃さなかった。

「ありがとう、凪くん。かばってくれて」

「えっ、なんのこと？　僕は思ったことを言っただけだよ。『特定の誰かがどうっていうわけじゃなくて』……ね」

そう言った凪が、シャノンをちらっと見る。その言葉は、シャノンがさっきの女子3人組に立ち向かうときに言った言葉だ。つまり凪は、最初から見ていたのだ。

――やっぱり凪くん、最初から知ってて、天堂さんにあんなこと言ったんだ。

ミユウはそう直感した。だとしたら、凪はいつも笑顔でカッコいいだけの男の子ではない。「勉強以外でも頭が切れて、行動力がある」という一文を、凪のプロフィールに書き足さないといけない。

「それにしても伊藤さん、相手は3人いて、かなりイライラしてたっぽいのに、松田さんのために立ち向かって、すごく友だち思いなんだね」

「えっ？」

「『松田さんの相談にのってただけ』っていう僕への返事も、機転《きてん》がきいてたし」

にっこりと、悪意のまったくない微笑みを凪から向けられて、シャノンはどう答えていいのかわからないでいる。ミユウが助け船を出そうかと考えた直後だった。

「僕、友だち思いの女の子って、すごいなって思うよ。友だちを守るために勇気を出して行動できるなんてさ。伊藤さんのこと、もっと知りたくなったよ」

「えっ……えぇぇーっ？」

シャノンにとっては思ってもみなかった展開なのだろう。激しく動揺《どうよう》している親友から、「ミユウ……！」と明らかに助けを求められたミユウだったけれど、ここは言葉ではなく、微笑みを返すだけにする。

大事なときに沈黙《ちんもく》するのも、きっと「親友」の役割だ。

消火栓

コミュニケーションのヒント

第3章
行事編

event

新学期にはじまって体育祭や修学旅行など、学校生活には季節の行事が盛りだくさん。不安を解決しながら、全力でイベントを楽しむためのポイントを教えるよ！

昼休み
こんなことやるんだ♪
いいね!!
うちのクラスはね～

もうすぐ文化祭じゃないですか！
はじめてだから
ワクワクです☆

なになにー
楽しそうにどうしたの？

それなら！
2学期の秋イベを
120％楽しむ方法を
教えてあげるよ！

でも、実際どんなかんじなんだろ？
準備どんなかんじ？
恋も進展…♡
友だちとの
思い出づくり

学校行事は
アイデアしだいで
友情が深まったり、
恋が実ったり…
最高に楽しいよ！

でも、
その前に…

ドンッ～

わー♡ ますます楽しみになってきた

じゅ、準備ですね…

コミュニケーションのヒント　行事編

中学デビューの不安を解決！

中学生活って、ワクワクする一方で不安もいっぱいだよね。
最高のJCライフにするためのヒントを教えるよ！

あと1カ月で中学生！
楽しみいっぱい♪
母
なにも準備してないじゃない!!
えっ！準備？
すっかり忘れてた!!
テストすぐじゃん！
筆箱かえる…？
制服ってどう着るの？

やばい！中学って
不安だらけー（涙）

中学生になると生活が一変《いっぺん》 早めの準備で不安解消！

中学デビューは新しい友だちも増えて、楽しみがいっぱい！　でもそれと同じくらい不安もあるよね。服装が制服に変わったり、勉強が一気にむずかしくなったり、さらに部活も始まったりと生活がガラッと一変するからね。持ち物だって、中学でアップデートする子がほとんど。そんなに一気に変わっちゃうなんて不安だよ～って子も、ポイントを押さえておけば心配ないよ。一緒に最高のJCライフの第一歩をふみ出そう！

nicola

持ち物の不安を解決！

えんぴつがシャーペンになったり、色えんぴつがカラーペンになったり、筆箱だってお姉さんっぽくアップデートする子がいっぱい！　文房具はシンプルなデザインのもので色を統一させるか、クリア系でイケ感ねらっていくのがポイント。さらに、「身だしなみグッズ」も、おしゃれなJCの必《ひっ》須《す》アイテム。けっこう量があるからポーチと制服のポケットに分けて入れるのがおすすめ。持ち物は早めに準備して、来たる中学生活にそなえよう！

不安1　文房具を中学生らしくするにはどうすればいい？

イケ見えを意識しよう

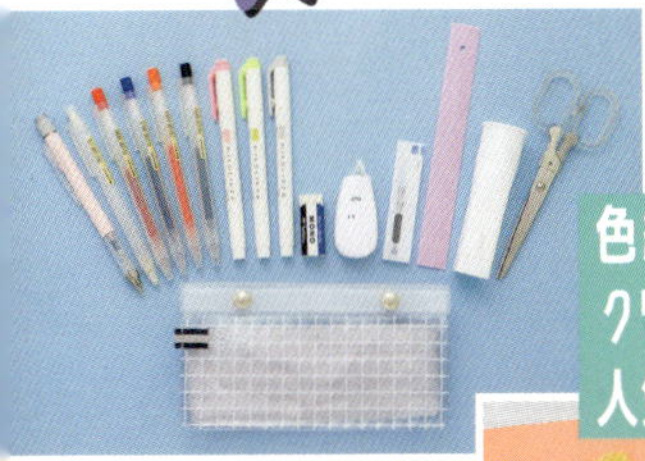

罫線《けいせん》タイプのノートや仕分けできるファイル、シンプルなルーズリーフも大人っぽいよ。

カラーペンだらけなのは、ちょっと子どもっぽいかも。シンプルな文房具の色味をそろえて、必要な数だけ持つのがイケ見えのコツ！

色統一やクリア系が人気！

小学生→中学生になるときの文具ポイント

- えんぴつ終了→シャーペンに（0.3と0.5両方あると◎）
- カラーペンは赤・青・オレンジが使いやすい！
- マーカーは赤やイエロー系。グレーのマイルドライナーも便利！
- 筆箱はクリアでシンプルなのがイケ見え
- ファイルはたくさんポケットがあるものにするか、教科ごとに用意する

文房具はイケ感をアピるのに大事！

不安2　身だしなみグッズは、どうやって持ち歩くの？

ポーチとポケットを使い分けよう！

いつでもビジュアルが整ってる、清潔感《せいけつかん》のある子は中学でも大人気！　校則を守りつつ、身だしなみグッズを工夫しよう！

ポケットは2つ使うのが◎

- 前髪スティック
- コーム
- ミニミラー

- ハンカチ
- ティッシュ
- リップ

すぐ使いたいものは制服ポケットに入れる！

気になったときにサッとお直しできるように、コーム＆前髪スティック、リップは制服ポケットに。

たまに使うものはケアポーチに入れる！

日焼け止めやヘアゴム＆ヘアピン、マスク、肌さらさらパウダーなどはケアポーチにIN！

見た目の不安を解決！

制服生活が始まり、校則で髪型にも制限がある中学校も多いよね。あか抜けも意識《いしき》したいけど、悪目立ちはしたくない！って声がいっぱい届《とど》いてるよ。ちょうどいい感じの中学生の見た目ってどんなだろう？　一緒に考えてみよう！　まずは校則を守るのが大前提《だいぜんてい》。清潔《せいけつ》感《かん》を大切に、髪型も制服も、最初はきっちり系が好感度《こうかんど》高め。中学生になったら、リュックを使うことになるから、シンプルなロゴ入りの大きめな黒リュックを用意しておこう！

身だしなみについての校則はこんなかんじが多いよ！

中1から制服を着くずしたり、髪型で目立とうとすると学校で浮いちゃうよ。まずは、制服はきちんと着て、髪型も校則をしっかり守ろう！

- ☑ **肩につく長さの髪は結ぶ**
  （ヘアゴムは黒か茶のみ）
- ☑ **リュックは黒**
  （指定バッグのみのところも多い）
- ☑ **スカートはひざがかくれる丈**
- ☑ **くつ下は白**
  （最初は無地がブナン！）
- ☑ **くつは白地**
  （校則によっては、黒OKなところもある）

ブレザーは
ボタン全部しめてきっちり感！
セーラーは
しわゼロでとことん清そに♡

不安 1

髪型で気をつけることは？

清潔感がとにかく大事！

校則を守りつつ、かわいく見せるなら、「清潔感《せいけつかん》」が第一。もっさり見えないように、美容院でヘアカットしてから入学をむかえたいね！

耳下ツインもおすすめ

後頭部《こうとうぶ》の分け目はコームの細い先端《せんたん》できっちり直線に。耳下ツインもマジメに見えて◎！

ポニーは耳下

前髪きっちり&アホ毛なしが基本！

おくれ毛はしまって、アホ毛もカバー。整った前髪と低めポニーの組み合わせは清潔感《せいけつかん》アリ。

不安 2

バッグはみんなどんなのを使っているの？

黒リュック+サブバを使っている子が多いよ！

ランドセルからJCっぽく変化したのがリュック。特に黒リュックが圧倒的《あっとうてき》に人気。荷物が多いからサブバッグも活用しようね！

サブバは大容量×シンプル

体操《たいそう》服や部活グッズなど中学生は荷物が多い！シンプルなサブバッグもほしいところ。

スポ系ならカンゴール！

限定のコンバースもイケてる！

リュックは大きめ×白ロゴ

このくらいのサイズがおすすめ

デザインも容量も◎なスポーツ系や、ファッション系ブランドの白ロゴ×黒リュックが人気。

不安 3

制服ってどんな風に着こなせばいいの？

最初は校則を守ってきっちり着る！

JCデビューしたよろこびで、つい制服を着くずしたくなっちゃうよね。まずは校則を守ることを優先して。

スカーフはふわっと結ぶ

セーラー服の子は、結《むす》び目がふんわりするように結ぶと、やさしい印象《いんしょう》になるよ♪

ホコリ取りで清潔に！

制服は紺色《こんいろ》が主流だからホコリが目立つ！コロコロなどで休み時間にケアしよう。

プリーツに気をつけて着席

スカートがしわにならないように、座るときは手でプリーツをおさえて座るよ。

勉強の不安を解決！

小学校時代とまったくちがうのが中学校の勉強。教科数が増えるし、授業の進みも早い！　さらに「定期テスト」が年に5～6回あって、そのテストで成績のほとんどが決まっちゃうの。テスト範《はん》囲《い》は広いし、テスト前に提出物がある場合も多いから、授業についていくのが、だんだん大変になってくる子も少なくないみたい。でも、ふだんの授業で予習＆復習をしっかりして、計画的なテスト勉強をすることで、ちゃんと対応できるから安心して！

不安1

授業についていけるか心配…！

予習・復習をきちんとすれば大丈夫

サラッと予習しておくだけで、授業内容が頭に入りやすくなって理解が進むよ。授業も集中して聞いて、授業後は自分なりに整理することで学習内容を定着させよう！

01 授業前に大事な単語を見ておく

授業前の休み時間に教科書を見てサクッと予習。特に太字の単語をチェックしてみてね。

02 授業中は先生の話をいっぱいメモ

授業中は先生が話すこともノートに書く。メモすると集中できるし、内容が頭に入るよ。

03 プリントやワークを赤シートで復習に

プリントはオレンジペンで穴《あな》埋《う》め。ワークの赤字解答とともに赤シートでかくして復習！

01 長期休みのうちに教科書を読んでおく

ふだん時間がとれない子は、長期休みのうちに教科書を読んで早めに予習しておこう！

02 授業中は大事なところにマーカーを引く

授業中はノートをとりながら、教科書にもマーカーを引いて、重《じゅう》要事項《ようじこう》をチェック。

03 ふせんを使ってノート作り

ノートの重要部分《じゅうようぶぶん》にカラフルなふせんをはるなど工夫するのも◎。

不安 2

テスト勉強ってどうやって進めればいいの？

2週間前から逆算してやっていこう！

テスト範囲《はんい》がわかったら、2週間前から計画的にテスト勉強スタート。同時に提出物も進めて、テスト直前に提出物地獄《じごく》にならないように！

テスト勉強おすすめテク

苦手教科を中心に勉強する

得意を極めるのも大事だけど、苦手《にがて》克服《こくふく》にも力を入れて、全体の点数を上げるのを意識。

提出するワークはふだんから進めておく

テスト前に範囲分のワークを提出することが多いみたい。ためずに進めておくのが大事！

同じワークや問題集を何回もやって覚える

答えを覚えるくらいワークや問題集をくり返し解くことで、学習内容を定着させよう。

テスト2週間前

✓ 最初に目標を決める

テスト範囲が発表されたら、どの教科で何点を目標にするかを決めてモチベアップ。

✓ ワークを最低2周やる！

まずは提出物のワークから！　そこからテストが出題されがちだから、2回はやろう。

✓ 単語帳にまとめる

表に単語を、裏には意味を書くよ。どっちの面を見ても反対側が思い出せるように暗記！

↓

テスト3日前

✓ すき間時間を使って単語暗記や一問一答をやる

移動時間などのすき間時間を有効《ゆうこう》利《り》用《よう》。単語帳や一問一答を使って暗記ラストスパート！

↓

テスト前日

✓ まちがえた問題を復習

何度もまちがえた問題を復習。このために、ふだんからまちがえた部分にマークしておこう。

↓

テスト当日

＊テストは、2〜3日間かけて行われるよ。

部活の不安を解決！

中学生活で新しく始まることといったら部活。青春する未来が楽しみすぎるよね♡　でも、はじめてのことだから、不安もあるはず。「自分に合う部活が見つかるかな？」とか、「どうやって部活を探すのかな？」とか、今回はそんな部活のお悩みを解決するよ。まず、部活を無理せずに続けられるか、スケジュールや内容を確認。仮入部で、活動している先輩の様子を見たり、実際に体験してみるのがおすすめ。部の雰囲気《ふんいき》も自分に合うかチェックしよう！

不安1

どの部活に入ればいいかわからない…！

仮入部で自分に合う部活を見つけよう

見学や体験ができる「仮入部」という期間があるよ。入部した後に「なんかちがった！」ってことがないように、しっかりチェックしよう！

みんな、何の部活に入るのかな～？
でもたくさんあってどれがいいかわからない…

安心して！
仮入部があるから自分に合った部活を探せるよ！

みんなの部活の決め手を教えて！

バドミントン部 ユナ

日焼けはイヤだけど、運動したいから室内のバド部に。先輩がやさしいのも決め手！

吹奏楽部 ナツミ

運動部は少しきびしい印象《いんしょう》だったから、先輩が明るい雰囲気《ふんいき》の吹《すい》部《ぶ》に入部したよ♪

バスケ部 レイナ

まわりに経験者が多くて入部を迷《まよ》ってたときに、初心者でも先輩たちが歓迎《かんげい》してくれたから！

本入部前にチェックすることは？

コレをチェックしてから入部しよう！

☑ 活動日・時間

何曜日の何時に活動してるのか、土日はどうなのか、長期休みのスケジュールなどを確認。

☑ かかるお金

部費、練習着など必要なものをそろえるための費用、合宿や遠征費《えんせいひ》なども教えてもらおう！

☑ 先生や先輩の様子

顧問《こもん》の先生のきびしさ、先輩同士の雰囲気《ふんいき》や仲のよさ、楽しく活動できそうかなどチェック！

不安2

そもそも部活ってどんなことするの？

先輩の体験談を参考にしよう！

バスケ部シャノンの1週間の部活スケジュール

具体的にどんな活動をしているか、1週間のスケジュールを先輩に聞いてみよう！特に運動部や吹奏楽部《すいそうがくぶ》は、チームワークが大事だから、青春色が強いみたい！

土・日	金	木	水	火	月
午前 or 午後 練習試合	16:30～18:30 トレーニング	16:30～18:30 体育館練	休み	16:30～18:30 体育館練	16:30～18:30 トレーニング

日曜はときどき休み！

仮入部は毎日行ったほうがいいよ！

忙しい部活でもやっていけるか考えよう！

Q. 仮入部で気をつけることは？

興《きょう》味《み》のなかった部活が案外雰囲《あんがいふんい》気《き》よかったりするから、なるべく多くの部活を体験してみよう！

Q. 他の部活でもスケジュールは同じ？

部活によってまったくちがうよ。プライベートを充実させたい子は活動の少ない部活を選ぶのもアリ。

Q. 部活に入ってよかったことは？

「運動部はスタイルキープに役立つ」ってよく聞くよ。「部活で好きな人ができた」って子も♡

コミュニケーションのヒント 行事編

新学期の友だち作りテクニック

新しい友だちを作るのって大変だけど、ちょっとだけ勇気を出してみて。友だちいっぱいの新しい世界が開けるよ!

新しい友だちってどうやって作ればいいの?

新学期に友だち作るのは得意?

YES 45%
NO 55%

半数以上が苦手と回答!!

「人見知りで素《す》が出せない」「話が続かない」など、多くの子が友だち作りに苦手意識《いしき》アリ。

苦手に感じる理由はコレ!

相手に、なんて思われるか不安…
人見知りしちゃう…
何を話していいかわからない…
モジ
モジ

友だち作りがむずかしいのはみんな一緒だよ!

ニコラのアンケートによると、友だち作りをむずかしいと思っている子が半数以上いることがわかったよ。つまり、多くの子が友だち作りは苦手だけど、心の中では「新友」を作りたいと思ってるの! 友だちを作りたいって思ってるのは自分だけじゃないとわかれば、心強く感じない? 声をかけてもらうのを待つ自分はもう卒業! ちょこっと勇気を出して話しかけてみて。友だち作りは案外《あんがい》簡単だよ。

第一印象が大切！

自己紹介で話すことリスト

新しいクラスで第一印《いん》象《しょう》を決めるのが自己紹介。話す内容はもちろん、見た目や仕草《しぐさ》など、好感《こうかん》度《ど》をアップする方法はいっぱいあるよ。ポイントは、聞いてる子に「話しかけたいな」「友だちになりたいな」って思わせる親近感《しんきんかん》と清潔感《せいけつかん》を出すこと、そして会話につながるネタを自己紹介の中にちりばめること。恥《は》ずかしがらず、姿勢正しく、ハキハキと笑顔でね。それだけで明るくてさわやかな印象を与えられるよ。下のリストを見て練習してみよう！

さらに好感度アップ♡
見た目も意識してみよう

POINT 1
表情がわかる髪型で！
POINT 2
笑顔120%
POINT 3
制服は着くずさず、清潔感を大切に
POINT 4
モジモジせず、姿勢よく話そう!!

「〇〇です！」「〇〇って呼んでね」

はじめてでも覚えてもらえるように、名前は大きくハッキリと。呼ばれたい呼び名も言えたらGOOD。

「〇〇出身です！」

出身校や元クラスの友だちを知ってる子が話しかけやすいように、話題のタネをまこう！

「〇〇が好きです。〇〇が得意です」

共通の趣味《しゅみ》の子が話しかけてくれるかも。逆に友だちの趣味も聞いて、話しかけるネタにしよう。

「人見知りだけど、みんなとたくさん話したいです！ よろしくお願いします」

口下手《へた》でも最後はコレ！　みんなと仲よくなりたいって気持ちを素直に伝えるといいよ！

みんなの自己紹介成功エピソード

みんなと仲よくなりたい!!

自己紹介であだ名を言ったらみんなそれで呼んでくれた！

ギャグを言っていた子はみんなにウケて今では人気者★

はずかしそうだけど、ハキハキ・ニコニコ話しててかわいかった♡

タイプ別！話しかけ方テクニック

見た目も持ち物も おしゃれ タイプ

見るからにおしゃれでイケてるタイプの子は、ちょっと話しかけづらく感じるかもしれないけど、実は、そんなにハードルは高くない！　話しかけるときは、おしゃれや流《は》行《や》りものを題材にすればOKだよ。おしゃれタイプさんには、まずは持ち物やビジュアルをほめることからスタートしてみよう！

持ち物の話をふってみる!!

文具やポーチなど、おしゃれなものを持ってたらすかさず「かわいいね」って声かけ！

制服アレやヘアアレ法を聞いてみる!!

「私もおしゃれ好きだよ」ってアピールになるし、自分のおしゃレベUPのチャンスにもなる。

仲よくなってきたら

流行のカフェやお店に遊びに行く!!

学校を飛び出して流《は》行《や》りの場所に。ふだん見られない一面が知れて、距離《きょり》が縮《ちぢ》まるよ♡

休み時間は流行りもののネタ!!

SNSのネタは仲よくなるのに便利。特にTikTokは一緒に踊れるから仲よくなりやすいよ。

なんでも頼れる リーダー タイプ

リーダータイプの子は、頼《たよ》られるとうれしい！ 仲よくなりたいなら、わからないことを聞いてみるのが第一ステップだよ。特に、わからないことが山のようにある新学期や新クラスでは、一緒に解決しながら仲よくなっていくのもアリ！ 勉強が得意な子も多いから、一緒に勉強することでキズナも深められるよ♪

本当は聞かなくても知ってることを、話しかけるための口実《こうじつ》として聞くのはぜんぜんアリ！

わからないことを聞いてみる!!

移動教室は話しかける絶好のチャンス。次の授業の話をすればいいって気楽さも◎。

移動教室に一緒に行く!!

得意科目を聞いて「教えて！」って頼《たの》んでみたり、先生の話をしたり。学校ネタはテッパン！

得意な科目や先生の話をしてみる!!

仲よくなってきたら

仲よくなってきたら一緒にテスト勉強するのもおすすめ。勉強しながら仲も深まって一《いっ》石《せき》二《に》鳥《ちょう》！

勉強会をやる!!

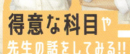

明るくて元気な
スポーツ女子
タイプ

部活や行事に積極的《せっきょくてき》な、スポーツ女子タイプさんと一緒なら、青春感あふれる楽しい日々が過ごせそう！ まずは部活や習いごとなど、その子が一生懸命《いっしょうけんめい》取り組んでることに興味をもって聞いてみて。そして授業や行事など、彼女ががんばってる瞬間《しゅんかん》に、同じ空間にいるのも友だちになるコツ！

ペアを組んで授業に参加!!

元気で積極性《せっきょくせい》のある子とペアを組むと、苦手な教科にも楽しく取り組めるようになるよ。

部活や習いごとの話をしてみる!!

彼女ががんばってることを情報収集。さらに、おたがいの共通点も探せたらベスト！

体育を一緒にがんばる!!

体育の授業はもちろん、体育祭など燃える系のことを一緒にやれば、さらに仲が深まるよ。

仲よくなってきたら

係や委員会を一緒にやる!!

係や委員会も一緒にやると、毎日がもっと充実！ 協力しあえる最高の相棒《あいぼう》になれるかも。

推しグッズいっぱい
オタクタイプ

推し《お》がいる子同士って、なぜか通じ合うんだよね！　推しがちがったとしても、推しを想う気持ちって共感できる♡　そして、推しについて語り始めたら、おたがい止まらなくなって、あっという間に友だちになれそう。大事なのは、相手の推しにも敬意《けいい》をはらうこと。「自分の推しのほうがいい」発言は、絶対ダメだよ！

私の推しがね♡♡

一緒に推しを語ってみよう♡

推しを語ると、ノッてきて緊張《きんちょう》もほぐれるよ。とはいえ、一方的に語らないように注意しよう。

休み時間は完コピダンスの練習!!

完コピダンス教えあいっこ！　この時間を通じて、息ぴったりの2人組になれちゃうかも♡

推しの最新情報を交換!!

友だちと一緒だと「推しごと」がはかどる♡　相手の推しの情報にもアンテナ張っとこ！

仲よくなってきたら

推しイベントに一緒に参加！

おたがいの推しのイベントに参加するのも青春！　一緒にグッズを買いに行ってもいいね♪

コミュニケーションのヒント　行事編

学校行事を全力で楽しむアイデア

学校行事こそ、青春の瞬間。全力で楽しんだもの勝ち！
ふつうに楽しむのより、もっと上を行く楽しみネタを伝授！

合唱コンに文化祭、体育祭…アイデアしだいで全力で楽しめる!!

行事はアイデア勝負！ 力を合わせて全力で楽しむ

小学校時代の行事は、先生主導で行われてたけど、中学校では生徒が中心！　全員が輝《かがや》ける場があるのが大きなちがいだよ。だからこそ、やりがいも、盛り上がりも、中学行事のほうがダンゼン上！　多くの学校では、合唱コンクール、文化祭、体育祭などの行事があるよ。楽しむためのアイデアを盛りこんだネタをこの章ではご紹介。全部を全力で取り組んで、恋も友情も深めて、最高の思い出に残る行事にしよう！

合唱コンを全力で楽しむネタ！

小学校までの合唱は、「やらされ感」があったけど、中学の合唱コンは全力が当たり前！　だってクラスごとに順位がつくんだよ。燃えない理由はないよね？　クラスのみんなを巻きこんで、団結《だんけつ》力《りょく》を高めてテンションを上げてくのがおすすめ！　ふだん、だらけてる男子とも協力して、ひとつになれる瞬間《しゅんかん》がきっとあるよ。「合唱曲が生活の中で聴《き》こえるだけで泣ける」って先輩の声もあるくらい、思い出深い行事になる人も多いみたい！

友情ネタ

親友とおそろみつあみをする!!

あえての優等生風に（笑）。なんならクラス女子全員でみつあみで団結《だんけつ》してもいいね！

友情ネタ

合唱コンまでカウントダウンする

団結力《だんけつりょく》を高め、本番でテンションMAXまでもっていくためにもカウントダウン！

恋ネタ

伴奏をやって指揮者の男子と仲よくなる

指揮者とピアノ伴奏《ばんそう》者《しゃ》、親密になれる可能性大♡　アイコンタクトで心を通わせよう！

友情ネタ

声出しがわりに好きな曲を合唱する

合唱曲は決まってても、練習の声出し曲は自由。推しの曲ならもっと声が出ちゃう♪

文化祭を全力で楽しむネタ！

小学校では「学芸会」「学習発表会」と呼ばれることが多かった行事が、中学になると「文化祭」にバージョンアップ！ だし物のバリエーションが増えて、準備段階から楽しいって声が続々♪ また準備期間も長めだから、新しい友だちができたり、好きな人と仲よくなれたりするチャンスもあるよ♡ 当日の盛り上がりはもちろんだけど、終わった後の打ち上げまで含《ふく》めて「文化祭」。そんな非日常を楽しむハイテンションなイベント、思いっきり楽しんじゃお！

恋ネタ

好きな人と一緒に準備をする

文化祭準備がきっかけで好きな人との距離《きょり》が縮《ちぢ》まってる子が多数。期待がふくらむかも…♡

みんなで協力して1つの作品をつくる

友情ネタ

時間のかかる作品作りも、みんなと一緒なら楽しいよね。この思い出は、プライスレス☆

友情ネタ

ダンスの練習でキズナを深める

気持ちをひとつにしないと、ダンスの動きは合わないもんね。だんだんノリもよくなるよ！

同じ係の子に話しかける

友情ネタ

人見知《ひとみし》りさんも「同じ係だよね？」って話しかけるチャンス。友だちになるきっかけに！

友情
ネタ

みんなでおそろいのヘアアレをする

アップヘアが映えるよね☆

文化祭では撮影チャンスがいっぱい！　アップヘアやみつあみ系の映えヘアでエモい写真を撮ろう。

好きな人を誘って一緒に回る

OK！
一緒に回ろ

恋
ネタ

だし物を見て回るのも文化祭の楽しみ方。1対1が気まずいなら、男女グループで回ってもアリ♡

好きな人と写真を撮る♡

撮るよー！

恋
ネタ

イベントだと、男子もテンション上がってるから、いつも以上にノリよく撮ってくれることが多いんだって！

おそろいのボードを友だちと作る

友情
ネタ

おばけやしき行きたい
次行くよー

キラキラの名前ボード（大きな名札）を作るのも文化祭の定番。いつメンとおそろいで写真も撮ろう♪

友情
ネタ

打ち上げを企画する！

2－Aグループ(29)

打ち上げする人ー⁉

参加したーい

私もー‼

リーダータイプの子は率《そっ》先《せん》して打ち上げを企画しよう。クラスや係全員を誘《さそ》えたら天才！

体育祭を全力で楽しむネタ！

男子も女子も全力を出し切ると言えば、体育祭！　情熱のぶつかり合いの行事だからか、恋も一気に進むってウワサ♡　そもそもクラスTシャツやハチマキなど、学校公認でおそろいもできるから、男女全員で円陣《えんじん》組んじゃうくらいの団結力アップや、応援などで性別問わずに仲よくなれるチャンスがいーっぱい！　ハイタッチにバトンパス、ハチマキ交換…と青春を感じる場面も多いのから、いつもよりちょっと勇気を出して、体育祭の主役気分を味わってみて。

ハチマキにメッセージを書き合う

友情ネタ

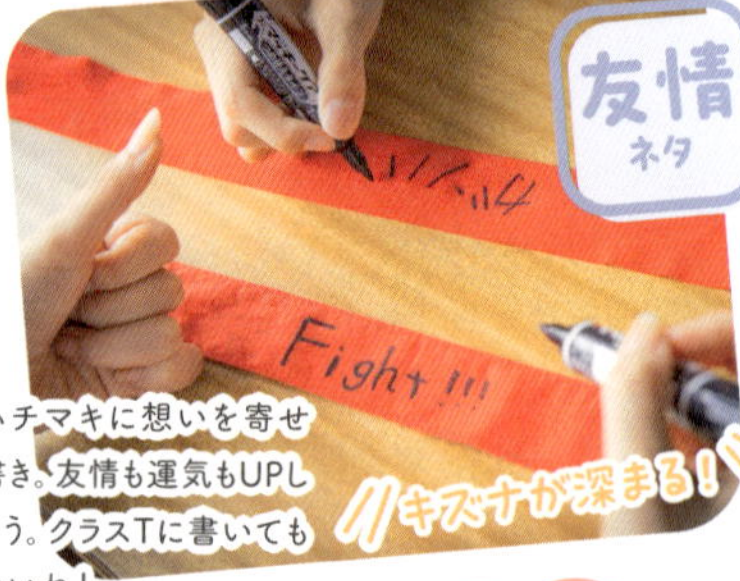
Fight!!!

ハチマキに想いを寄せ書き。友情も運気もUPしそう。クラスTに書いてもいいね！

キズナが深まる！

ハチマキをリュックにつける

友情ネタ

リュックにみつあみしたハチマキをつけて、体育祭まで待ちきれないって思いをアピール☆

当日が待ちきれない♪

好きな人に「がんばろう！」メッセージを送る♡

恋ネタ

<〇〇くん

体育祭
絶対優勝しよ！

もちろん！

がんばろう！

男子は体育祭ガチ勢。女子も同じ熱量をもとう！

他クラスの応援席で友だち作り

友情ネタ

レイナだよ
よろしくね♪
この子アリサ！

部活の友だちに会いに行くと、その近くに座ってる知らない子とも友だちになれるかも！

ハチマキを結びあいっこ！

友情ネタ

ゆるくない？
いいかんじ

結《むす》び合った子たちの友情もかたく結ばれるはず。
クラスみんなでやれたらいいね〜！

男子とハチマキ交換

ありがと♡
はい！

恋ネタ

男子とハチマキ交換できるなんて両想いなのでは…!? がぜん、競技へのやる気もUP！

ジャージ＆ハチマキでプリを撮る

友情ネタ

ジャージ＆ハチマキ姿でプリ！ たとえ順位がビリでも、体育祭プリで思い出作りは優勝だ！

ジャージ＆ハチマキ姿はテンション上がる！

隣の男子とハイタッチ！

恋ネタ

やったね☆

盛り上がりからのハイタッチで、ふだんからまない男子とも距離《きょり》を詰められるよ！

好きな人を一生懸命応援する

がんばれー!!!

恋ネタ

競技に向かう彼に声をかけたり、どさくさまぎれに名指しで応援したりが、体育祭なら自然。

コミュニケーションのヒント　行事編

バレンタインチョコの上手なわたし方

とっておきの告白チャンス！　好きな人に思いを伝えたい。…でも恥《は》ずかしいから、こっそりわたしたいんです！

バレンタインチョコをどうやってわたしたい？

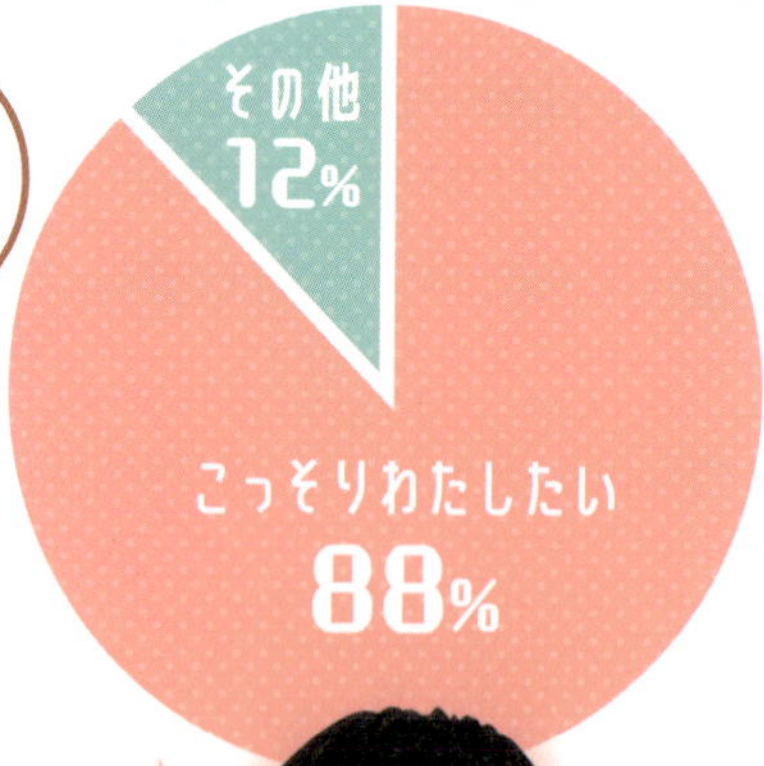

なんと9割に近い子が「こっそりわたしたい」と思ってるみたい。それなら、場所やタイミングなど、計画を立てなきゃ！

人目につかずにわたして彼に気持ちを届けたい！

恋が盛り上がるバレンタイン！　好きな彼に気持ちを届《とど》けたいけど、恥《は》ずかしいから誰にも見られたくないって子がほとんどだよね。対する男子からも、「友だちから見られるのは恥ずかしい」って声がたくさん届いてる。つまり、人目につかずにこっそりわたすテクが必要。さらに呼び出すときも慎重《しんちょう》にってこと！「チョコをわたすのって、大変そう」ってため息つかないで。大丈夫《だいじょうぶ》、男子はちゃんと待ってるから♡

男子にチョコをもらうときのことを聞いてみた！

実際、男子の気持ちってどんなんだろう？　男子に話を聞くと、けっこう女子と同じ気持ちなことが判明！　やっぱり、こっそりもらいたいし、呼び出されるときも、友だちにはナイショで直接がいいみたい。そう、男子だって恥《は》ずかしいんです！　ちなみに「家に来られるのはいいけど、インターホンを押されるのは、家族にバレるからイヤ」って声と、「そもそも、家に来られるのはこまる」って声があるのも参考にしてね。

Q もらうときは二人きりのほうがいい？

NGの場所は？

- 校門
- 中庭
- みんながいる公園

うっかり友だちに目撃されちゃいそうな場所は、さけたほうがいいよ。特に注意なのはこの3つ！

OKの場所は？

- 駐輪場
- 人が少ない公園
- 乗換駅のホーム

基本はどこでもうれしいけど、人目につかない意外な場所のほうがグッとくるんだとか。

男子も友だちに
見られるのは
恥ずかしい！

はい
100%

男子も友だちに見られるのは恥《は》ずかしいみたい。女子と意見が合ってよかったね！

Q 友だちに呼び出されるのってどう？

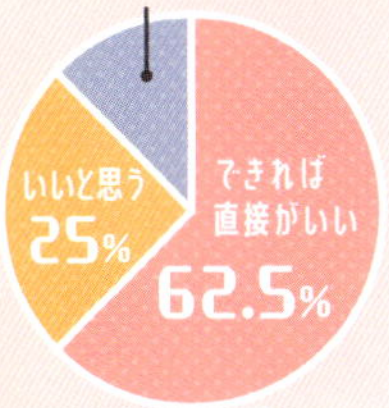
どちらでもいい 12.5%
いいと思う 25%
できれば直接がいい 62.5%

直接のほうが
うれしいよ！

友だち経由だと恥《は》ずかしいって思う子が多いみたい。それに直接のほうが真剣さが伝わるよ。

Q ベストタイミングはいつ？

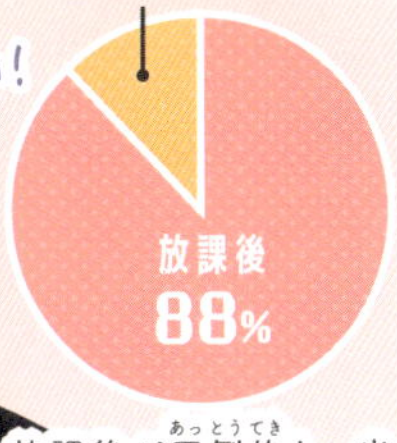
当日以外 12%
放課後 88%

放課後に
呼び出されたーい！

放課後が圧倒的《あっとうてき》！　当日以外に不意打《ふいう》ちでもらうのも、キュンとくるって声もあったよ。

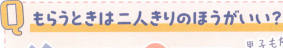

さらっとわたしたい子におすすめ！

誰にもバレずにこっそりわたすテク

呼び出すのが恥《は》ずかしくてわたせなかった子や、不意打《ふいう》ちをねらって突然わたしたい子は、彼と約束していないから、バレンタイン当日にスキを見てこっそりわたす必要があるよね。でも、その「こっそり」が案外《あんがい》むずかしいみたい。ここでは、おすすめのわたすテクを紹介するよ。基本は、彼の顔を見て直接わたすスタイルで、彼が一人でいる&まわりに人がいないタイミングを見計《みはか》らおう！　どうしても無理なら、彼の荷物にしのばせる方法もあるよ。

体育のときに着替えにはさむ

彼が教室にもどったらチョコが…！　誰からかわかるように、手紙をそえるのも忘れずにね。

朝練に向かってるときに声をかける

部活の朝練前は学校に人が少ないからチャンス！　まだ寝ぼけてる彼をキュンとさせちゃおう！

じっと見つめて声をかけてもらったタイミングでわたす

あざとい系女子の高等テクニック。まわりに人がいないシチュエーションで挑戦だ♡

あ、きた♡

彼の後をつけるのはあやしいから、ちょっと先回りして一人になるところで待ちぶせ！

彼の帰り道で 待ちぶせする

早く一人になれ♡

彼が一人になるタイミングを待つ

彼が一人になったタイミングを見《み》計《はか》らって突撃～！ 遠目にチラチラチェックしておこう。

友チョコだよ！
本命

「友チョコ！」と言いつつ 本命って書いておく

クラスの男子みんなにわたしてると見せかけて、彼だけ特別《とくべつ》仕様《しよう》に♡　照《て》れずにわたせそう！

男子のうれしかった実体験！

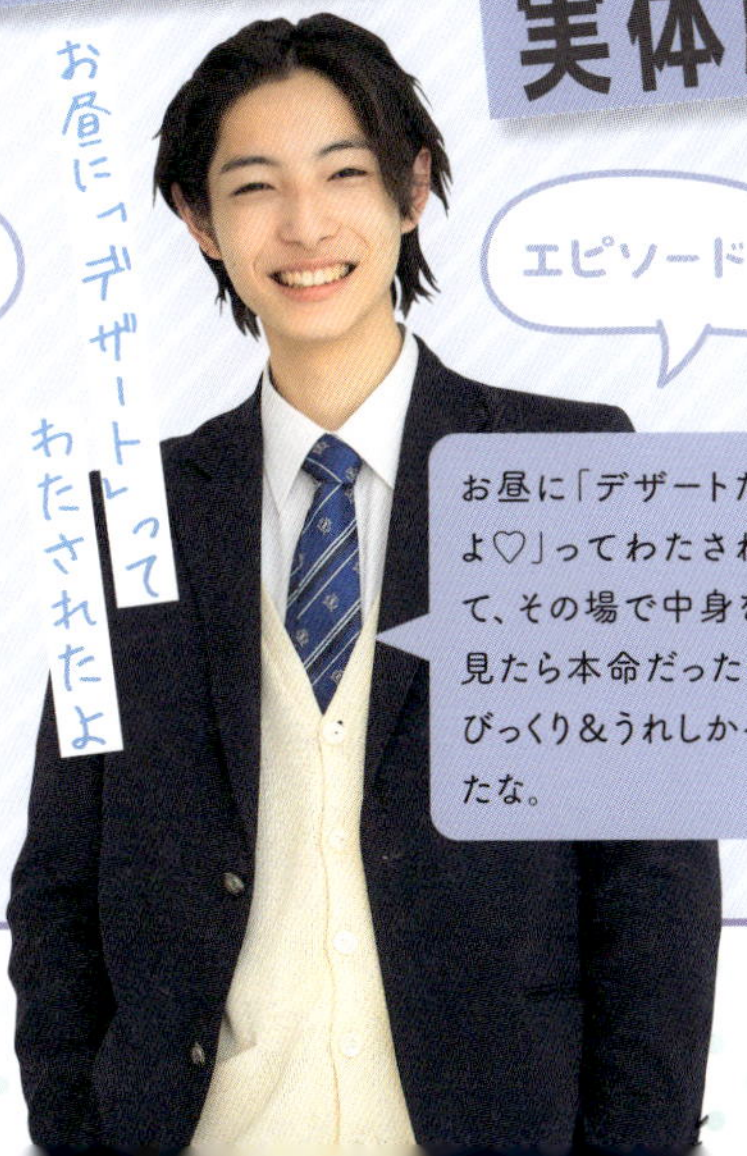

お昼に「デザート」ってわたされたよ

エピソード1

お昼に「デザートだよ♡」ってわたされて、その場で中身を見たら本命だった！ びっくり＆うれしかったな。

自転車のカゴに入っててドキッ♡

エピソード2

自転車で帰ろうとしたら、カゴにチョコが入ってたんです！ 想像してなかった展開で、ドキッとした。

しっかり約束したい派におすすめ！

友だちに見られない呼び出し方

バレンタイン当日、どのタイミングでわたすかを迷っちゃって、結局、わたせなかったってションボリな子もいるみたい。そんなことにならないためには、事前に彼を呼び出す約束をしておくのが安心だよ。サプライズ感は減るけど、相手の男子も意識しながらバレンタインまでドキドキして過ごすことになるから、恋の効果もアップするかも…！　もちろん、友だちにわたしてる場面を見られないのが目的だから、約束もこっそりと慎重《しんちょう》にしようね。

連絡先を知らないなら 手紙で呼び出す

下《げ》駄箱《たばこ》や机に入れる、筆箱にメモを入れる、ノートにふせんを貼《は》るなど、方法はいろいろ！

チラ
チラ

王道だけど一番安全！ LINE or DM しておく

他の誰にもバレずにこっそり約束するなら、LINEやSNSのDMでの連絡が一番！

明日の放課後
○○に来て～！
明日一緒に帰らない？

部活のことで話したくて！

いつものテンションで、普通に話しかける

事前に共通の話題を考えておいて、そのノリのまま、いつものテンションで自然に呼び出そう。

わたしそびれちゃったときにおすすめ！

帰りぎわのわたし逃げ作戦

わたすタイミングを見《み》計《はか》らってたけど、なかなかわたせない。もちろん、わたす約束もしてない…。そんなピンチな場合でも、最後の最後まであきらめないで！　こうなったら奥の手だよ。帰りぎわの「わたし逃げ作戦」にきりかえて、あとは攻めの方向で！　とにかく、彼が帰るまでにわたさなきゃダメだから、勇気をふりしぼってゴー！　それでも、もらった彼はうれしいみたい♡　わたせずに後悔するより、勇気を出してトライする価値はアリ！

「じゃあね」って言いながら ポケットに入れる

＼また明日／♪
なにか入れた!?

仲のいい男子に使えるテク！　帰りぎわに制服のポケットに押し込んで、サッと去《さ》る！

借りてた本を 返すフリをしてわたす

袋に入れてわたしてもOK。笑顔でわたせば、彼ももしかして…と気づいてくれるはず。

ん？なんのこと？
借りてた本返すね！
本
チョコ

一瞬のスキをねらって カバンにつっこむ

彼があとで警戒《けいかい》しないように、「チョコ入れといたよ」と帰るときコソッと伝えてね。

いまのうちに♡
サッ

ニコラ学園

放課後相談室

Counseling Room

～からだのお悩み～

誰にも言えない悩みをこっそり話せる「放課後相談室」。ムダ毛やにおいなど、からだが大人へと変わっていく思春期《ししゅんき》ならではの「からだの悩み」にも答えるよ！

専門科の先生が答えるよ！

皮膚科医《ひふかい》 細野《ほその》 久美子《くみこ》先生

顔やからだなど「皮膚《ひふ》」の悩みに親身《しんみ》になって相談にのってくれるよ。子どもはもちろん、動物や植物も大好き！

臨床《りんしょう》心理士《しんりし》 桝田《ますだ》 智子《ともこ》先生

「こころの悩み」についてやさしく話を聞いてくれる心理カウンセラー。相談者一人ひとりに寄《よ》り添《そ》ったアドバイスをくれるよ。

すぐ手に汗をかいてしまう

緊張《きんちょう》していないときでも、すぐ手に汗をかいてしまいます。仲よしの友だちと手をつなぐこともできなくてこまってるの…。（中2・りりちゃん）

自分では緊張しないと思っていても、汗を気にしていること自体がストレスになって汗をかくことがあります。深呼吸をしてからだの力を抜いたり、自分にあったリラックス方法をみつけておくと役に立ちますよ。

また、辛《から》いものやすっぱいもの、カフェインをふくむコーヒーやお茶はひかえめにしてください。適度《てきど》な運動と十分な睡眠《すいみん》も大切。手汗は誰にでもおこる当たり前の反応ですから、まわりに理解してもらいながらどうどうと生活してほしいです。それでもツラい場合は、保護者の方に相談して皮膚科《ひふか》で受診《じゅしん》してみてください。りりちゃんにあったいい方法を指導してくれると思いますよ。（皮膚科医・細野先生）

リラックスしてからだの力を抜いてみて！

髪のフケが恥ずかしい！

髪を洗ってもフケがなくならないの。友だちに「髪を結《むす》んであげる」と言われても、見られるのが恥《は》ずかしくて断ってます。（中2・まやちゃん）

皮膚《ひふ》は気づかなかいうちに表面の角質《かくしつ》がはがれ落ちて、毎日新しく生まれ変わっています。しかし、このサイクルがみだれると目に見える「フケ」になります。まず髪を洗うときは、乾燥肌《かんそうはだ》やアトピーの人は低刺激《ていしげき》シャンプー、ニキビができやすい脂性肌《しせいはだ》の人は抗菌《こうきん》シャンプーなど、自分の肌にあったものを選んで使うのがおすすめです。

また、生活面ではストレスをためないように心がけましょう。食事はビタミン不足に気をつけて、野菜もお肉もバランスよく食べるようにしてくださいね。髪の長い人は、汗で蒸《む》れやすいので、家に帰ったら髪をほどいて汗をふいておくのも対策になりますよ。（皮膚科医・細野先生）

ドライヤーやシャンプーを見直してみよう♪

ワキのにおいに悩んでいます

中学生になってから自分のワキのにおいが気になっています。学校にいるとき、友だちやまわり人たちににおいがバレてないか心配！（中2・ゆうちゃん）

思春期《ししゅんき》でワキ毛が多くなってくると汗が毛にからみつき、細菌《さいきん》が繁殖《はんしょく》しやすくなります。ワキを清潔《せいけつ》にするように心がけましょう。まず、寝ている間に汗をかいたら、ぬらして絞《しぼ》ったタオルでワキをふいてから着がえるようにしましょう。学校ではなかなかむずかしいと思うので、登校前に制汗剤《せいかんざい》をつけておくと安心。特に、においが気になる子は、汗と細菌の両方をおさえるタイプの制汗剤《せいかんざい》がおすすめです。

また、においを心配していると、緊張《きんちょう》やストレスでよけいに汗をかいてしまい悪循環《あくじゅんかん》です。同じ悩みをもっているお友だちもたくさんいるので、悩みすぎずに自然体で過ごしてくださいね。（皮膚科医・細野先生）

こまめにふいて清潔に！制汗剤もおすすめ

顔の毛が気になる…！

最近、顔の毛が濃くなった気がするの。人と話すときも「毛を見られてるのではないか」とあまり目が合わせられません！（中2・りおちゃん）

自分でやるのが
こわければ
お店で剃ってもらおう

思春期《ししゅんき》はホルモンの影響で、女子でもからだに毛が生えてきたり濃くなったりします。顔の産毛《うぶげ》はホルモン変化が落ち着けばうすくなっていきますから、目立つのは今だけですよ。

でも、毛が濃いと顔がうす黒く見えたり、口まわりがヒゲのように目立つこともあります。気になる場合は剃《そ》るのも一つの方法です。自分で剃るのがこわければ、お母さんや理髪店《りはつてん》で剃ってもらうといいでしょう。剃ったあとは乾燥《かんそう》したりかぶれたりしやすいので、化粧水《けしょうすい》や乳液《にゅうえき》でしっかり保湿《ほしつ》してくださいね。皮脂《ひし》で汚れがたまったりニキビができやすくなるので、入浴時に石けんや洗顔料を使ってしっかり洗顔しましょう。（皮膚科医・細野先生）

声が小さいのを直したい

小さいころから声が小さくて、習いごとや学校でも「聞こえない」と言われちゃいます。自分では全力で声を出しているつもりなのに…。（中2・あやかちゃん）

人にはみんな個性があります。自分ではどうしようもない個性のことを言われるのはこまってしまいますよね。こういう場合、個性に対する理解者《りかいしゃ》を作ることが一番だと思います。仲のいい友だちや家族と話をしているとき、その人たちはあやかちゃんの声が小さくても話を聞こうとしてくれますよね。話を聞こうとしてくれる人には、あなたの言葉はちゃんと届《とど》くのです。まずは先生やわかってくれそうな友だちに、「声が小さいことで悩んでいる。努力をしているが、それでも聞こえないと言われるのはつらい」ということを説明しましょう。理解してくれれば、あやかちゃんが話すときにきっと耳をかたむけてくれるはずです。（臨床心理士・桝田先生）

声が小さいのも
個性の一部だよ！

肌が弱いけどメイクしてみたい

肌《はだ》が弱くてすぐに荒《あ》れてしまいます。中学生になって化《け》粧《しょう》水《すい》や乳液《にゅうえき》を使ってみたいんだけど、大丈夫《だいじょうぶ》かな…？（中1・あんなちゃん）

あんなちゃんが使いたい化粧水や乳液は「基《き》礎《そ》化《け》粧《しょう》品《ひん》」です。「基礎化粧品」は肌をすこやかに整えるためのものなので、こわがることはありません。

でも、肌の弱い子はかぶれやすいのも事実。自分の肌質《はだしつ》にあったものを選ぶことが大切です。乾燥肌《かんそうはだ》なら保湿力《ほしつりょく》のあるもの、ニキビができやすいならさっぱり系、肌が弱いなら低刺激《ていしげき》のものを選びましょう。店頭にテスターがあれば、手首の内側にぬって使用感をためしてみるのもいいですね。わからないときはお店の人や保護者の方に相談しましょう。万が一なにかあったときは、無理に続けず受診《じゅしん》しましょう。肌を守るためには大切なことですよ。（皮膚科医・細野先生）

自分の肌に合った化粧品をえらんでね♪

大事な行事のときにトイレが近くなる！

ふだんのおでかけでは大丈夫《だいじょうぶ》なのに、学校の行事や式のときになるとトイレが近くなっちゃう。これってなんでですか？（中1・まなみちゃん）

「どうしよう」と思えば思うほど、そこに意識が向いてトイレに行きたい気持ちになるものです。他のことに気持ちが向いているときは、そこまで気にならないと思うので、目の前で起こっていることに集中するようにしてみましょう。

また、「行きたくなったら行けばいい」と思っていたほうが気持ちはラクになります。たとえば、担任の先生などにこのことを話しておいて、トイレに行きたくなったときに、目立たず立てるような席にしておいてもらうのもいいかもしれません。うまくいったら、それを成功体験として意識しておくことも大切です。何度か積《つ》み重《かさ》ねるうちに、「もう大丈夫！」と思えるようになりますよ。（臨床心理士・桝田先生）

意識するほど行きたくなるよね…！

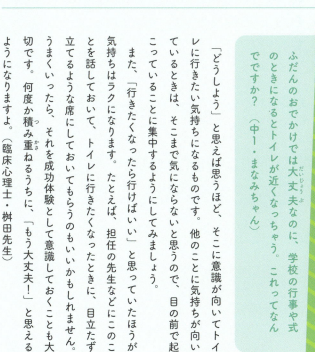

秘密の相談

教室の窓を雨粒《あまつぶ》が叩《たた》いている。窓についた雨粒は、やがて不安定な軌跡《きせき》を残しながら下へと流れ落ちてしまう。その様子が、なんだか今の自分みたいだな、と碧斗《あおと》が思ったとき、「どうかしたの？」と声をかけられた。顔を上げると、碧斗の前の席に座っているコハナが、上半身を振り向かせていた。

　コハナは、小学校からの友人だ。フレンドリーな性格のコハナのまわりには、性別関係なく人が集まる。碧斗にとっても、ほかの女子よりずっと話しやすい。そのコハナが、碧斗の顔を見てキラリと瞳《ひとみ》を光らせた。

「何か悩《なや》んでるみたいだけど……もしかして、恋の悩み？」

「えっ」と、思わず碧斗は声を出していた。それを聞いたコハナが、「やっぱり」と笑顔になる。こうなったら、ごまかしてもムダだ。碧斗はモゴモゴと口を開いた。

「まぁ、ちょっと気になってるっていう感じなんだけど……。どうしたら、今より距離《きょり》が縮《ちぢ》まるかなって……」

「なるほどねー。相手の子は、この学校の子？」

「うん」

「だったら、会話を増やせるチャンスはありそうだね。碧斗は聞き上手だし、その子の相談にのってあげるのはどう？　あ、でも、押しつけっぽいアドバイスは逆効《ぎゃくこう》果《か》だから、気をつけて。相手の気持ちに寄りそうことが一番大事だよ！」

　コハナのその言葉が終わった直後、休み時間の終わりを告げるチャイムが鳴った。

「じゃね！」

　コハナは手を振って、自分の席に座り直す。碧斗はふたたび、窓を見つめた。不安定な雨音は、まだしばらく、途切《とぎ》れることがなさそうだ。


　授業も部活も終えて学校を出る時間になっても、雨は降り続いていた。「雨、だる……」と声に出しながら昇降口《しょうこうぐち》を出た碧斗だったが、次の瞬間《しゅんかん》、そのだるさは一気に吹き飛んだ。

　昇降口の軒下に、小松崎《こまつざき》フタバが立っていたのだ。

　しかも、フタバは碧斗に気づいて、「あっ」と口を開けたかと思うと、すすっと碧斗に近づいてきた。

「碧斗くんも、今終わったんだ。よかったら、一緒に帰らない？」

　フタバは、碧斗と同じマンションに住んでいる同い年の女の子だ。中学に上がる前から友だちどうしだったけれど――碧斗がフタバに恋をするまで、それほど時間はかからなかった。けれど、一緒にいる時間が長いからこそ、「好き」という一言が言えずにいる。その一言が、これまでの2人の関係を壊してしまうかもしれない……それが、碧斗は一番怖《こわ》いのだ。

　今だって、フタバから「一緒に帰ろう」と言われて、耳鳴りが聞こえそうなくらいドキドキしている。それが表に出ないようにするのに、碧斗はいっぱいいっぱいだ。鳴りやまない雨音が心臓の音を隠してくれるかもしれない、と、碧斗は少しだけ雨に感謝した。

　そして、碧斗が傘《かさ》をさして軒下《のきした》を出たところで、「あのさっ」と、フタバが声を上げた。

「じつは、碧斗くんに相談したいことがあるんだ！」

「相談？　俺に？」

「うん、だから……帰り、どこか寄ってかない？」

助けを求めるような瞳《ひとみ》に見つめられて、碧斗は一瞬《いっしゅん》、言葉に詰《つ》まった。同時に、昼間にクラスメイトのコハナから受けたアドバイスを思い出す。

――碧斗は聞き上手だし、その子の相談にのってあげるのはどう？

まさかこんなに早く、その機会がめぐってくるなんて思わなかった。何か不思議な力が自分の背中を押してくれているような気がした。碧斗は、「いいよ」と冷静《れいせい》さを装《よそお》ってうなずいた。

こうして、碧斗はフタバと一緒に、マンションの近くにあるファストフード店に寄り道した。同じマンションの同じフロアに住んでいるから、それこそ子どものころはお互いの家をよく行き来して遊んだけれど、中学生になってからはそれが気《き》恥《は》ずかしくなって、ぜんぜん行き来しなくなった。2人きりになるのも久しぶりだから、妙《みょう》に緊張《きんちょう》する。

「それで、相談って？」

注文したドリンクとポテトをテーブルに置いてイスに腰《こし》かけた碧斗は、すぐさまフタバに尋《たず》ねた。ヘンに時間をおいてしまうと、緊張《きんちょう》が増すだけだと思ったのだ。碧斗の正面に座って、ドリンクのカップを両手で包んでいたフタバは、どこか思いつめた表情で、「えっと……」と、言いづらそうにしている。碧斗はポテトをつまみながら、フタバが口を開くのを待った。「相手の気持ちに寄りそうことが一番大事」と、コハナに言われた。たぶん、急《せ》かさないほうがいい。

碧斗がカップの中のジュースを一口飲んだとき、ぱっと、フタバが顔を上げた。その顔に浮かんでいるのは、決意の表情に見えた。

「おっ、男の子をデートに誘《さそ》うときって、どうすればいいのかな……!?」

口にふくんだ二口目のジュースを、碧斗はあやうく、吹き出してしまうところだった。

「で、デートっ?」

「わたし、デートしたことないから、よくわかんなくて……。だから、男子の立場から、アドバイスもらえたらなって……」

フタバは、せっかく上げた顔をだんだんと下げ、その声も、うつむくにつれて尻《しり》すぼみになっていった。完全にうつむいてしまっても、その顔が真っ赤になっているのが碧斗にはわかる。同時に、最初は小さかったショックが、波のようにどんどん大きくなって、碧斗の胸《むね》に押し寄せてきた。

――なんだ……フタバ、好きなヤツいたんだ。どんなヤツなんだろう？　……いや、やっぱり知りたくない。てゆーか、俺にそういうアドバイスを求めるなんて、フタバってニブいよなぁ……。

ため息をつきたい気持ちを、碧斗は懸命《けんめい》に抑《おさ》えた。

フタバから「相談がある」と言われたときは、コハナに言われたとおり、「距離を縮めるチャンスだ！」と思った。でもその「相談」の内容が、まさか、「男子をデートに誘《さそ》う方法」だなんて、皮肉すぎて泣きたくなる。

――俺がフタバにアドバイスしたら、フタバはその男子を誘って、デートすることになるのか？　正直、めっちゃイヤなんだけど。でも、コハナは「相談にのってあげるといい」って言ってたし……。

「うぅーん……」という声が、碧斗の口からもれた。その声を聞いたフタバは、自分のもちかけた相談が碧斗を悩《なや》ませていると思ったようで、「急にヘンなこと聞いて、ゴメンね！」と、碧斗に向かって両手を合わせた。

そんなフタバの顔を——好きな子が自分を頼《たよ》って一生懸命《いっしょうけんめい》になっている顔を見ていたら、「テキトーに話を受け流す」なんていうことは、碧斗にはできなくなっていた。

「どうやって男子をデートに誘う……かぁ。回りくどいことするよりは、ストレートに誘うのがいいと思うよ。『今度、2人で遊びに行こうよ』とかって。俺だったら、そうされたほうがうれしいかな」

「……やっぱり、ストレートなほうがいいんだ？」

「そう思う。あと、もし不安なら、『今度』って言うよりは『土曜か日曜、どっちか空いてる？』って具体的に誘ったほうが、ＯＫをもらいやすいらしいよ。『海と山、どっちが好き？』って聞かれたら、どっちかを答えるでしょ？　それと同じで、遊びに行く場所を提案するときも、たとえば、『映画を観に行くのと、お昼ごはんを

食べに行くの、どっちがいい？』っていうふうに二択《にたく》にすると、相手はどっちかを選ぼうとするから、デートの誘いにもOKしてもらいやすいんだって」

「へぇー、そうなんだ。碧斗くん、なんでそんなこと知ってるの？」

まぁ……と、碧斗はフタバから目をそらして、ジュースを飲んだ。いつかフタバをデートに誘うときのためにいろいろ調べていたなんて、口が裂《さ》けても言えない。

碧斗の気持ちを、きっと知らないだろうフタバは、「なるほどねー」とつぶやきながら、手もとのカップを見つめている。

「やっぱり、男子にはストレートにハッキリ言わなきゃダメなのかな。わたしが好きな人も、まぁまぁニブいみたいで、わたし、けっこうアピールしてるつもりなんだけど、ぜんぜん気づいてもらえないんだよね。バレンタインのチョコも毎年あげてるのに、ずーっと義理チョコだって思ってるっぽくて」

「義理チョコと本命チョコも見分けられないとか、ソイツ、どんだけ鈍感《どんかん》なんだろね？」

フタバの切なそうな表情を見た碧斗は、自分のほうこそ、胸《むね》がキュッとするよう

な切なさを覚えて、それをごまかすように苦笑をこぼした。

　すると、フタバがふっと顔を上げた。

「うん。本当に鈍感。わたしが好きな人って、碧斗くんなのに」

「——え……?」

　一瞬《いっしゅん》、息が詰《つ》まって、碧斗はフタバの言葉に反応できなかった。無言の時間に耐《た》えられなくなったように、ふたたび、フタバの顔がじわじわと赤く染まっていく。

「ちょっと、黙《だま》らないでよぉ……」

　しぼり出したようなフタバの声は、半分泣きそうだ。

「これだけストレートに言っても、わかってもらえないの? やっぱり、最初にデートに誘ったほうがいい? 『映画を観に行くのと、お昼ごはんを食べに行くの、どっちがいい?』『今度の土曜か日曜、どっちなら空いてる?』って」

「えっ、え、待って……えぇ……?」

　パニックになった頭の中で、碧斗は必死に言葉を探した。

　こういうとき、どう返事をするべきなのかもコハナに聞いておけばよかった、な

んて思ってしまう。相手が自分を好きかどうか知る方法も、義理チョコと本命チョコの見分け方も、もっと早く誰かに聞いておけばよかった。

でもたぶん、これは他人に頼《たよ》ることじゃないということも、碧斗はわかっている。

――自分の言葉で、自分の気持ちを返さないと、なんの意味もないんだ。

震《ふる》えるノドで、碧斗はすうっと息を吸いこんだ。

さっきまでの苦しい切なさは、とっくに、熱い気持ちに変わっていた。

コミュニケーションのヒント

第4章
放課後編

after school

学校の授業が終わったあとも、部活や勉強と、学生は大忙《おおいそが》し！　先輩＆後輩関係、テスト勉強などを上手《じょうず》に乗り切って、充実した放課後を過ごそうね♪

帰り道

あ、近所のニコちゃんだ！
ニコちゃんやっほー☆
なに、あの子？
中1が中2にタメ口？
えっ
中学生だと年上の友だちは先輩になるから、タメ口だと生意気って思われるよ
そうなんだ!!
知らなかった〜

あ、部活の先輩だ！

先輩、こんにちは！
ペコリ
あ！ルナちゃんおつかれー

ルナって、先輩にかわいがられてるよね～
まぁね♪
あいさつとか基本を守るのが大切なの

先輩と話せると部活も楽しいよ
いいなー、私も意識してみよ！

コミュニケーションのヒント　放課後編

あこがれ先輩＆好かれる後輩を目指そう

中学生なら、先輩＆後輩関係は、切っても切れないもの。好かれるための努力をして、毎日楽しく過ごそう！

素敵な先輩＆後輩関係で
学校生活がもっと楽しく！

毎日を楽しくするために 先輩＆後輩関係は円満《えんまん》に

小学生までは友だちだった年上の子が、中学生になると「先輩」に。急に距離《きょり》を感じてとまどっちゃうよね。それに、「先輩はこわい」なんてウワサも聞こえてきて、ちょっとビビってる子もいるんじゃない？　逆に、初めて先輩になる子の中には、緊張《きんちょう》してる子もいるはず。でも、中学生活と切っても切れない関係なのが、先輩＆後輩の存在。だったら、おたがいによい関係になれるようにがんばってみようよ！

あこがれ先輩&好かれる後輩ってどんな子？

あこがれられる先輩は、やさしくて頼《たよ》れる人。そして後輩だからってきびしくせず、コミュニケーションをとってくれる人！　つまり親近感《しんきんかん》が大切。ドキドキしてる後輩に歩みよってくれる先輩のことを、後輩たちは「ステキ♡」って感じるみたい。一方の後輩は、「きちんと感」が求められるよ。先輩に対するあいさつや敬語、前向きに取り組もうとしているかなどの行動も見られているよ。清《せい》潔感《けつかん》をもって礼儀《れいぎ》正《ただ》しくしていれば、すぐに好かれる後輩になれるはず！

あこがれ先輩ってこんな子！

目を見てあいさつする

目が合わないとこわい印象《いんしょう》をもたれちゃうよ。ニコッと目を見てあいさつしよう！

やさしくて、明るい

真顔《まがお》は圧《あつ》が強すぎます！　明るく話して、後輩の緊張《きんちょう》をほぐしてあげられたら素敵《すてき》だよね♪

自分から話しかける

後輩は、自分から話しかけにくい！　だからこそ、話しかけてくれる先輩に、やさしさを感じるもの。

好かれる後輩ってこんな子！

敬語を使える

年上へのタメ口は小学生で卒業。知ってる年上の子にも、敬語を使うのがベストだよ！

校則どおりに制服を着ている

新入生で制服を着くずしてる子がいないか先輩はチェックしてるとか…。校則はきちんと守ろう！

礼儀正しい&あいさつをする

あいさつやお礼の言葉はもちろん、校内で姿《すがた》が見えたら、遠くからでもおじぎするのも効果的。

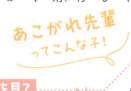

あこがれ先輩のOK行動NG行動

自分の先輩がきびしかった場合、自分も後輩に同じようにしなきゃと思うかもしれないけど、本当にそれでいい？ もちろん、ダメなところは伝えるべきだけど、必要以上にきびしくしたり、否定《ひてい》的《てき》な目線で見たら、後輩との関係が冷えていく一方。おたがいに何の得にもならないよ。逆に後輩からあこがれられる先輩になれたら、毎日はもっと楽しい！ 自分が不安なとき、後輩はもっと不安なんだと思おう。うまく話せなくても笑顔があれば十分素敵《すてき》だよ！

OK行動

下の名前やあだ名で呼んでみる

ちゃんづけやあだ名呼びで親近感《しんきんかん》UP。自分から「下の名前＋先輩で呼んで」っていうのも◎！

シャノンちゃーん
はいっ！

ダメなところはやさしく伝える

ここは、こうだよ！
ありがとうございます

みんなの前で言わずに1対1で伝えよう。しかるというより、親身になって伝えるって感じがおすすめ。

こういうときはどうしようか？

同学年のみんなと後輩の指導について相談する

先輩によって言うことがちがうと、後輩はこまっちゃう。先輩同士で話し合っておこう！

NG行動

中学校に入学前からやってる経験者は、上手で当然。でも先輩は先輩、どうどうとしてていいんだよ！

なんなの生意気！

自分よりできる後輩にシットする

理由はわからないけどダメ！

理不尽なことで怒る

理不尽《りふじん》なことで怒られると、後輩の気持ちは遠ざかっていくよ。言う前に冷静《れいせい》になって！

せんぱい…
シ——ン

話しかけられてもムシする

イヤな気分を表に出す人は好《こう》感度《かんど》低い！　気になることがあるなら話し合おうね。

もっと好かれる後輩への接し方！

一緒に練習しよっか

こまっている後輩がいたらすぐに声をかける

こまってても言い出せない後輩の気持ちを察《さっ》してあげてね！

丁寧な教え方を心がける

「自分で考えて」と突《つ》きはなさず、やさしくめんどうを見よう。

少し強弱をつけるともっとよくなるよ

後輩側も「自分を見てくれてる♪」ってうれしくなるよ。

今日の演奏めっちゃよかったよ

後輩のいいところをしっかりほめる！

好かれる後輩のOK行動NG行動

先輩ってこわいんでしょ…と警戒心《けいかいしん》いっぱいの子もいるかもしれないけど、必要以上にこわがらなくて大丈夫《だいじょうぶ》！　好かれる後輩のポイントをおさえていれば、きびしい先輩もかわいがってくれるケースがほとんど。先輩は礼儀正《れいぎただ》しくて、一生《いっしょう》懸命《けんめい》な後輩が大好き！　逆に、ちょっと生意気《なまいき》な態度をとられると、先輩側も、どう接したらよいか、わからなくなるよ。楽しい中学生活のためにも、どうしたらいい後輩になれるかを改めて考えてみよう！

OK行動

下の名前＋先輩と、名前呼びであいさつ

仲が深まり始めたタイミングでやってみよう！　もっと距離《きょり》が縮《ちぢ》まるかもしれないよ♡

ユラ先輩！

ありがとうございます
こうしてみるのはどうかな？

遠慮しないで先輩をどんどん頼る

先輩は、何も頼《たよ》られないほうがつらい。頼られることも案外《あんがい》うれしいみたいだよ！

全力で取り組む姿を見せる

私もがんばらないと

部の雰囲気《ふんいき》をよくするために、ヘタでも一生《いっしょう》懸命《けんめい》に！　先輩もいい刺激《しげき》がもらえるはず。

NG行動

自分のほうが上手《じょうず》だったとしても、先輩を下に見る態度はNG。性格も悪く見えちゃってソン！

先輩を下にみる

イジられキャラの先輩をからかう

やさしい先輩でも、内心イラッとしてるかも!?　からかいやイジリは、相手をキズつけることもあるよ。

文句がありそうな態度をとる

言いたいことがあるなら、ハッキリ言おう。コソコソしたり、不満《ふまん》げな態度をとるのは×！

もっと好かれる 先輩への声かけ！

やる気アリ＆先輩のことが好きってされたら、きらいになる理由はない♡

大変そうな先輩をスルーするのではなく、手伝う姿勢《しせい》が好感度《こうかんど》を高める！

こまりごとがあれば、積極的に先輩を頼《たよ》ろう！　先輩との距離《きょり》を縮めるチャンスだよ！

英語

コミュニケーションのヒント　放課後編

テストをどうにか乗り切りたい！

中学生になると、勉強はむずかしくなるし、定期試験もあるけど、おそれなくて大丈夫。勉強の不安を一気に解決！

中学の定期テストって不安がいっぱい…！

テスト範囲が
広すぎる!!
勉強の集中力が
続かない…
テスト当日に
緊張しちゃう！

むずかしくなる中学の勉強もちゃんと対策すれば大丈夫

小学生のころは成績で悩んだことはないのに、中学に入って苦戦する子は少なくないよ。教科が増えて授業の進みも早くなるし、成績の大半《たいはん》を決める定期テストも登場。そのためのテスト勉強は大変！　さらには、せっかく勉強したのに当日緊張《きんちょう》して成果が出ないって子もいるみたい。ここでは効果的な勉強の仕方から、テスト前の不安な気持ちのコントロール方法まで、勉強をうまくこなすコツを教えるよ！

みんなのテス勉事情をリサーチ！

中学生が、勉強面でぶつかる一番大きな壁《かべ》が、定期テスト。みんながどんな風に勉強をしてるか、アンケートを実施《じっし》したよ！　まず、勉強がはかどるのは「学校」って答えた子が、「家」と言う子の約2倍もいるって結果に。休み時間や放課後を上手に使って、勉強がおくれないようにしてる子が多いみたい。でも、集中して授業を聞いて、それ以外の勉強は家に帰ってからって子も。自分が集中できる勉強方法を見つけて取り組んでいくことが大事だよ！

学校と家、はかどるのは？

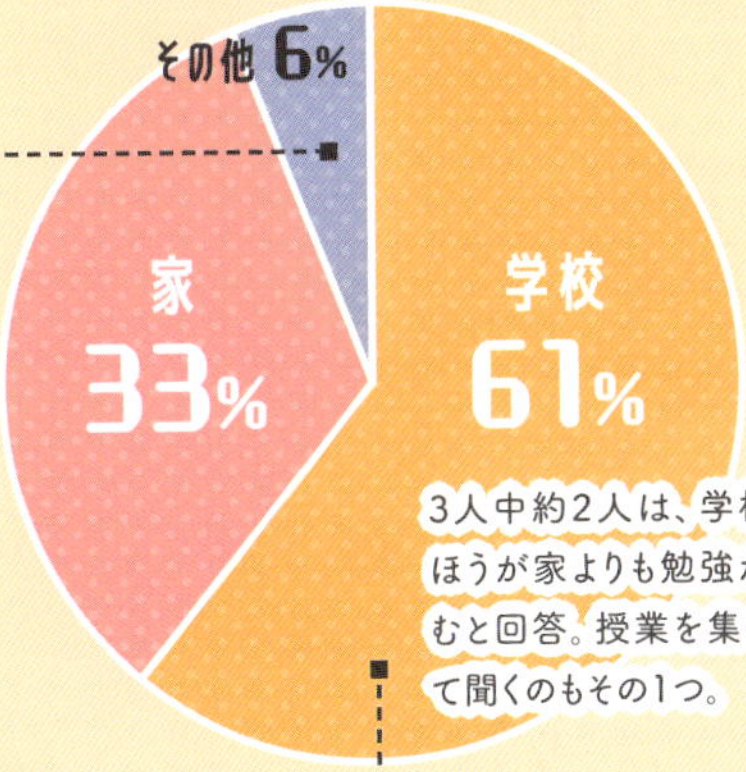

その他 6%
家 33%
学校 61%

3人中約2人は、学校のほうが家よりも勉強が進むと回答。授業を集中して聞くのもその1つ。

家と学校以外でよく勉強する場所は？

BEST

1. 塾の自習室
2. 地域の図書館
3. カフェ・ファミレス

自習室や図書館といった、静《しず》かで集中できる場所を見つけて、上《じょう》手《ず》に活用してる子もいたよ。

勉強がはかどるのは？

BEST

1. 得意教科
2. 暗記系
3. 問題演習

もちろん得意教科はスイスイ進むよね。続いて暗記系が得意な子や、演習をガンガン進める子も。

みんながんばってるんだね！

ちなみに！

テスト前や放課後、休み時間に勉強する？

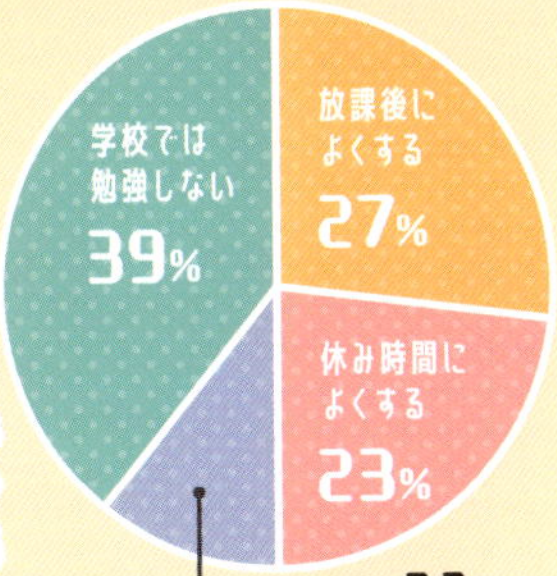

学校では勉強しない 39%
放課後によくする 27%
休み時間によくする 23%
どっちもする 11%

放課後や休み時間を上手に活用してる子が多い一方で、テス勉は家で集中って子も多いみたい。

テスト勉強の悩みを解決！

具体的《ぐたいてき》にテスト勉強の何が大変なの？　まず多くの子は、そもそも授業のスピードが速くてついていくのに必死みたい。さらに、テストの出題範囲《しゅつだいはんい》が広いうえに、勉強する内容がとにかく多くて時間もかかるし、集中し続けるのもひと苦労！　でも、「じゃあやめた！」もできないのがテスト勉強。中学に入りたてのころは、自分のペースをつかむまで大変だけど、効率的《こうりつてき》かつ計画的に取り組めれば、いい点数が取れるから、安心して！

悩み1 授業のスピードが速くてついていけない…

▶▶▶ 先生やアプリに頼って効率アップ

わからないところは とにかく先生に質問する

先生
教えてください

わからないことをためこむと、どんどん負担が大きくなるから、休み時間や放課後に先生に即質問。

何気に大事なのが 事前の予習

復習も大切だけど、予習が重要。事前に自分がわからないところを知っておけば、授業の聞き方も変わるよ。

授業前に教科書を
読んで予習して
おくのも◎

苦手部分を
ピンポイントで勉強

勉強を解説してくれるアプリや動画を見て、苦手な部分をすぐに解決していこう！

勉強アプリやYoutubeを活用する

悩み2 テストの範囲が広すぎる…!!

▶▶▶ 計画を立てていつもより早く始める

すきま時間を使って毎日少しずつ勉強する

通学中

ドライヤーしながら

ごはんから身じたくの間や、登下校時間などを使って効率《こうりつ》よく勉強するのも効果的《こうかてき》！

計画ノートを作って一日の勉強時間を逆算

テスト範囲《はんい》が発表されたら、やるべきことを書き出してスケジュールを立てよう。

2〜3週間前から始めるよ！

悩み3 部屋で勉強すると集中できない！

▶▶▶ 上手に休けいをとって集中力を高める

集中力が上がるツボを押す！

きもちー

勉強の息抜きタイムに手のひらをマッサージ。心身《しんしん》ともにリフレッシュするんだ♪

頭スッキリ♪

ミントの力で気分をリフレッシュ！お腹がすいて気がちるときも、タブレットが役立つよ。

ミントタブレットを食べて気分転換

集中力がきれたときは30秒だけ寝ころがる

集中が切れたら、好きな曲を口ずさんで、30秒だけ気《き》分転換《ぶんてんかん》。長いと寝ちゃうから注意。

ふとんにダーイブ

不安な気持ちを上手にコントロール

テストの日は誰でも不安なもの。その気持ちを上手にコントロールできれば、実力をよりいっそう発揮《はっき》しやすくなるよ。まずは緊張《きんちょう》をほぐしてリラックス。いつもどおりを心がけるのが大切だよ。その次はテンションを上げて、「テストにのぞむぞー」って気持ちにもっていくこと！　それには好きなものにかこまれて心を満《み》たすのがいいみたい。そして仕上《しあ》げは願《がん》かけをして自信をつける。この3ステップで、不安な気持ちとバイバイできるよ！

緊張をほぐしたい

▶▶▶ いつもどおり&マイペースでリラックスする！

最低でも
6時間！

テスト前日は しっかり寝る

たっぷり寝ることで頭スッキリ！　実力が発揮《はっき》できるよ。朝早く起きて勉強する子も！

もぐ
もぐ

朝ごはんをゆっくり食べる

朝ごはんをしっかり食べて、脳が働く状態にしよう。消化のためにもよくかんでね！

ふ〜

目をとじて 大きく深呼吸する

試験前は目をとじて大きく深呼吸！　これで落ち着いて試験を受けられるメンタルに。

冷静になってから
スタート

テストが始まる直前に 一度まわりを見わたす

緊張《きんちょう》してるのは自分だけじゃない！　まわりを見わたして、自分の気持ちを整えよう。

不安な気分を上げたい

▶▶▶ 好きなものを身につけたり、妄想するのが◎！

きゅん♡

推しに「がんばれ！」と言われたら、そりゃがんばれちゃうよね♡妄想《もうそう》で自分をはげまそう！

推しに応援される妄想をする

いいにおい〜♡

好きな香りのハンドクリームをつける

お気に入りの香りに包まれると、気分がリフレッシュ。校則的にもハンドクリームなら◎。

テストの日の朝に好きな曲を聴く

アップテンポの曲がおすすめ♪

自分の中の勝負曲を聴いて、やる気パワーチャージ。気分が上がって、頭もさえるよ！

自信をつけたい！

▶▶▶ 願かけでパワーをもらう！

お守りを持っていく

大事な試験のときは、学問のお守りを願《がん》かけで持参《じさん》。試験前に気持ちをこめてお祈りだ！

がんばろう!!

友だちに背中をたたいてもらう

試験直前に友だちと気合の背中たたきあいっこ！　テストがうまくいく魔法がかかる!?

コミュニケーションのヒント　放課後編

おこづかいアップテク&節約術

中学生になると、おでかけやお買い物で、お金を使うことが増えるよ。おこづかいアップ&節約で乗り切ろう！

おこづかいのおねだりは交換条件が鉄則！

肩たたきやお手伝い
ねえ、いいでしょ〜♡
部活や勉強で好成績

コツをつかめばいけるよ 夢のおこづかいアップ！

中学生は友だち同士でのおでかけも多いし、コスメや文房具などほしいものもいっぱい。おこづかいはいくらあってもたりません。だったら、上手なアピールでおこづかいをアップしてもらおう！　成功のヒケツは「交換条件《こうかんじょうけん》」。お手伝いしたり、成績アップしたり、部活で結果を残したりと、「がんばるからお願い！」と事前に約束しておくのが◎。それと同時に節約もがんばって、いざ使いたいときのために貯金しておこう。

リアル中学生は おこづかいのやりくりどうしてる？

中学生のお金事情をアンケート！ 62%の子が、毎月定額のおこづかいをもらっていることが判明《はんめい》。中には必要なときにもらうってスタイルの子もいたよ。そしてその金額は、半数以上が1000～2000円台！ それで毎月のほしいものなどをまかなうからけっこうカツカツ…っていうのが現実みたい。どうしたら、少しでもおこづかいアップをねらえるか、一緒に考えてみよう！ でも、そのお金は、ご両親が毎日働いて得たもの。大切に使おうね。

月額いくらもらってる？

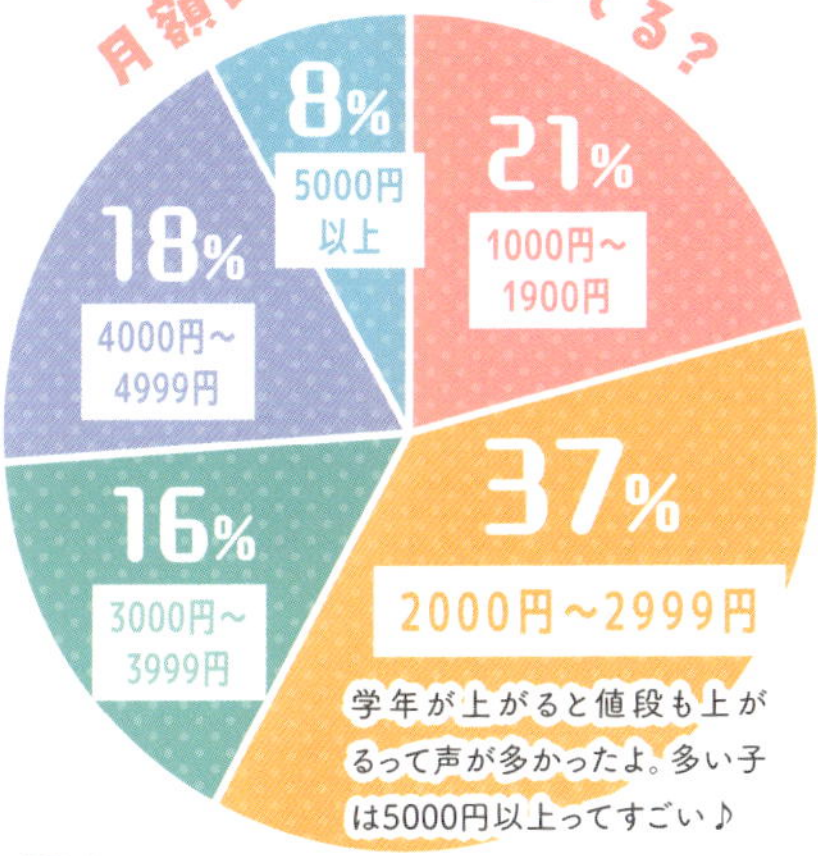
21%
1000円～1900円
37%
2000円～2999円
16%
3000円～3999円
18%
4000円～4999円
8%
5000円以上
学年が上がると値段も上がるって声が多かったよ。多い子は5000円以上ってすごい♪

どういうときにもらってる？

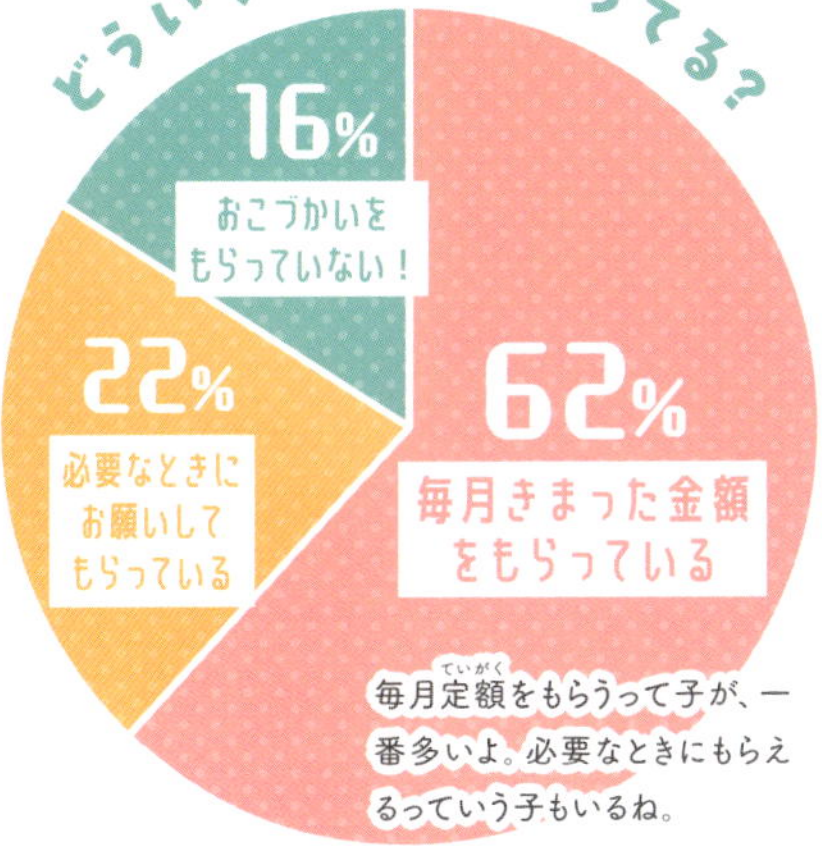
62%
毎月きまった金額をもらっている
22%
必要なときにお願いしてもらっている
16%
おこづかいをもらっていない！
毎月定額《ていがく》をもらうって子が、一番多いよ。必要なときにもらえるっていう子もいるね。

中学生も大変だ！

リアルボイス！

みんな何に使ってる？

- ♡友だちとのプリに¥500、プリを撮らない日はコスメを買う（中1・めあちゃん）
- ♡ニコラ¥690、お菓子¥200へ、スキンケア¥700（中2・ゆいちゃん）
- ♡貯金しておいて、友だちと遊ぶときに¥3000（中2・のんちゃん）

おこづかいアップのための
アピールテク

おこづかいをアップしたくても、ただ「お金ちょうだい」では門前《もんぜん》ばらいされる未来が見えてます。パパやママを説得するためのアピールテクを発動《はつどう》しないと！ まずは、みんなうれしい「勉強がんばる」系。成績とおこづかいアップをねらう、一《いっ》石《せき》二《に》鳥《ちょう》テクだよ。部活の試合で勝つ、出展した作品が入賞するといった「学校で結果出す」系も、自分のためになるよね♪ そしてもっともお手軽なのが「お手伝い」系。親もよろこんでくれるから、ぜひやってみよう！

勉強系 アピールリスト

✓テストで 点数アップ

オール平均点以上！

「がんばるだけじゃダメ」と結果を求めるパパ＆ママには、高得点をとってだまらせよう！

✓テスト勉強を 計画的にがんばる

今はこっちをやろう！
Campus
Campus

計画的にがんばるってことはコツコツ勉強するってこと。これは、親もよろこぶよ〜！

✓苦手教科のワークを積極的にやる

あと1ページ進めよう!!

苦手な教科にもチャレンジする姿勢《しせい》を見せれば、がんばりを認《みと》めてもらえるかも。

学校系
アピールリスト

✓ 部活で約束した結果を出す

おこづかいのためにも！

おこづかいのためにがんばるわけじゃないけど、せっかくなら合体《がったい》させれば、がぜん力が出る！

✓ 美術や技術で作品が選ばれる

入賞したよ☆
nicola
ニコラ学園

おねだりの切《き》り札《ふだ》として超有効《ちょうゆうこう》なのが入賞！　なかなかとれないぶん、価値が高いよね。

おうち系
アピールリスト

✓ お手伝いを先まわりしてやる

お皿ふいておくからね！
洗濯物取りこむよ〜

あれやって、これやってって言わせない！　ママのストレス減少でおこづかいアップ。

✓ 親にマッサージをする

気づかいってうれしいもの。おこづかい目的ばかりでなく、ねぎらいの心は忘れずにね。

力加減はどうですか
うん、気持ちいいよ〜

✓ 誕生日や母の日に必ずプレゼントをわたす

いつもありがと
あら、うれしい♡

親にごきげんでいてもらうために、ことあるごとに感謝を伝えよう。親子仲も円満《えんまん》に♪

1ヵ月で¥1000貯まる節約術

あと1000円あれば、もう少し好きなことができるのに！　おこづかいアップがかなわないときは、もう節約生活をがんばるしかないよね。ここでは節約に役立つテクを紹介するよ。まずはその月に必要なお金を計算することから始めよう。そうすると、無計画にお金を使えないって現実が見えてくるはず。あと、何かほかのもので代用《だいよう》できるものには、お金を使わないこと。そんなかしこい工夫《くふう》は、大人になってからも役に立つから、習慣にしてみてね！

POINT 1 まずは今月の支出予定を書き出してみる！

何にどれくらいの出費《しゅっぴ》があるかを見える化することは、ムダ使い防止に効果的だよ。

- ☑ 友だちとプリ
- ☑ ニコラを買う
- ☑ スタバ
- ☑ コスメを買う

POINT 2 使う金額ごとに分けておさいふにしまう

おさいふにあるだけ使っちゃう子は、買うもの別に小分けにして、使える金額の上限《じょうげん》を設けよう！

POINT 3 ほしいものがあるときは手持ちで代用できるか考える

新しい筆箱がほしいけど…

支出《ししゅつ》予定のもの以外はいきおいで買わないで！あるもので代用《だいよう》できることは多いよ。

POINT 4

移動手段は自転車か徒歩

ダイエットにもなる♪

ちょっとの距離《きょり》なら電車やバスではなく、徒歩か自転車！　運動にもなって一石《いっせき》二《に》鳥《ちょう》♪

POINT 5

コスメはママのおさがり、マンガは友だちに借りる

ありがとね〜
ママのコスメ貸して♡

ママのおさがりコスメはブランドものが多くて神！　マンガは貸《か》し借《か》りがJCの常識《じょうしき》！

POINT 6

スタバの新作は冷蔵庫にあるもので作ってみる

カスタムは自由☆

なんちゃってクッキングでまさかのスタバ超えができちゃう!?　自分好みの味を追《つい》求《きゅう》しよう！

ほしいと思ったらすぐに買ってしまう… NG

かわいいから仕方ないよね〜♡

←

メモメモ…

こうやって解決！

一度メモしておいて数日たってもほしいと思ったら買う

2日後
いらないかもな〜

ほしくても、即買《そくが》いは危険！　数日たって冷静《れいせい》になったら、そんなにいらないかも？ってことは案外《あんがい》多いよ。

ニコラ学園

放課後相談室

Counseling Room

～こころのお悩み～

誰にも言えない悩みをこっそり話せる「放課後相談室」。自分探しや親との関係など、日常の中で感じるモヤモヤとした「こころの悩み」に答えるよ！

専門科の先生が答えるよ！

臨床心理士《りんしょうしんりし》 桝田《ますだ》智子《ともこ》先生

心やからだの悩みについてやさしく話を聞いてくれる心理カウンセラー。寄《よ》り添《そ》ったアドバイスをくれるよ。

忙しくてストレスがたまる！

所属している吹奏楽部《すいそうがくぶ》でコンクールがあります。人手不足で助《すけ》っ人《と》メンバーになったんだけど、土日も練習が続いてイライラしちゃう！（中1・みさきちゃん）

メンバーに選ばれたことはほこらしいことだけど、休みの日に練習しなければならないのは大変ですよね。今、みさきちゃんに必要なのは、誰かに話を聞いてもらうことなのかなと思いました。先輩たちと一緒に練習するプレッシャー、ゆっくり休む時間がなくて疲《つか》れた気持ち…そういう感情が、みさきちゃんの中にどんどん積《つ》もっているのかもしれません。

保護者の方や部員以外のお友だちなどに、「気持ちをはき出したいから、何も言わずに聞いてほしい」とお願いしてみてはどうかな。話し終わったら、自分の気持ちをもう一度見直してみましょう。すっきりして、もう少しだけがんばってみようと思えるかもしれませんよ。（臨床心理士・桝田先生）

ためこまずに
誰かに話してみよう！

自分が本当に好きなことがわからない

夢中になれるものがなくてスマホいじりばっかり。友だちの話についていくためにアイドルやアニメについて調べるけど、興味がもてません。（中3・ももちゃん）

10代でもすでに好きなものに出会っている子は、きっとほんのひとにぎり。多くの子はハマっているものがあったとしても、それが本当に好きなものなのかはわからないと思います。

友だちの話についていくために、アイドルやアニメについて調べたのは、とてもいいことですね。結果として夢中になれなかったかもしれないけれど、知ろうとしてみる行動が大事。そうやっていろいろなことに興味を持っていく中で、いつか本当に好きなものが見つかるかもしれません。今は1つのことにしぼれなくても、たくさんの「ちょっとおもしろいもの」に出会えるかもしれません。どちらにしても、ももちゃんの人生を豊かにしてくれるはずです。（臨床心理士・桝田先生）

夢中になれるものがある子はひとにぎり！

親が夢を応援してくれない

将来の夢は女優・モデル。でも、お母さんに「なれるわけがない」と言われます。習いごとのダンスもがんばってるけど来年には辞《や》めさせられそう。（中3・ちさちゃん）

もしかすると、お母さんはかわいい子どもに苦しい経験をしてほしくないと思っているのかもしれません。でも、将来の夢があることはとっても素敵《すてき》なことですから、今は応援してくれなくても自分で責任をとる覚悟でがんばるか、そうでなければ応援したくなる方法を考えるかのどちらかがいいと思います。

たとえば、お母さんが高校進学を最優先にしてほしいのだとしたら、「今は一生懸命《いっしょうけんめい》に勉強をする。でも夢もあきらめたくないから習いごとは続けさせてほしい」とお願いするのはどうでしょう。勉強と習いごとを両立できれば、お母さんも夢を応援してくれるかもしれません。まずは、お母さんと本音《ほんね》で話し合ってみることが大切です。（臨床心理士・桝田先生）

応援したくなる方法やタイミングを考えてみよう！

受験勉強がとにかくつらい！

受験勉強が本当にしんどいです。模試《もし》を受けるのも塾《じゅく》に行くのも、「やらなければいけない」と思えば思うほどつらくなります。（中3・あんちゃん）

もしも、家族や先生があんちゃんに「がんばれ」と言いすぎていたり、「○○高校に入らなきゃダメ」という言葉をかけていたとしたら、かかるプレッシャーは必要以上に大きいものです。そんな状況《じょうきょう》だとしたら、「つらくなるから言わないでほしい」と正直に伝えてみてください。

もしくは、「○○高校じゃないと、いい大学に行けない」と自分自身がプレッシャーをかけすぎている場合もあります。どの高校に行くかは長い人生において大した問題ではありません。大事なのはそこでどう過ごすかどうか。一度まわりの人や自分の心の中を見直してみましょう。そして、しっかり心とからだを休める時間をとってほしいです。（臨床心理士・桝田先生）

必要以上に
プレッシャーを
感じる必要はないよ

何のために生きているの？

芸能人やアスリートは人から必要とされているけど、私はどこにでもいるふつうの女子。なんのために生きているのかわかりません。（中3・はなちゃん）

「自分はどのように生きていくか」ということを考えたり決断していくのは、18才～20代半ばの「青年期《せいねんき》」で、この時期、これまでの体験の中から自分なりの生き方を選んでいくようになり、大人になってもそのプロセスは続いていきます。

だから、みんなが「生きている意味がわからない」と思うのは自然なこと。これから時間をかけてそれを見つけていくことが人生なのです。たとえば、日常の中にあるちょっとうれしかったことやがんばれたことなど、プラスの体験を積《つ》み重《かさ》ねていく先に、生きる目標が見えてくるかもしれません。まずは一日の終わりに、今日のプラスの体験を1つでも思い出してみてください。（臨床心理士・桝田先生）

疑問に思うのは
当たり前のこと
まずはプラスの体験を
探してみよう！

おまけ

中学生活 なんでもデータ

まだまだ中学校生活について知りたい子のために、リアル中学生の部活・恋愛・からだデータを大公開！

※中学1年生~3年生の女の子500人に調査。

みんなの部活データ

放課後の楽しみといえば部活。所属している部活とくらべてみたり、これから入る子は選ぶときの参考にしてみてね！

Q 入っている部活は？

運動部

BEST
1 テニス部
2 バドミントン部
3 卓球部

文化部

BEST
1 吹奏楽部
2 美術部
3 家庭科部

文化部は吹奏楽部《すいそうがくぶ》がダントツ人気。運動部はテニス部に続いて、室内競技のバド部＆卓球部がランクイン！

Q 部活に入っている？

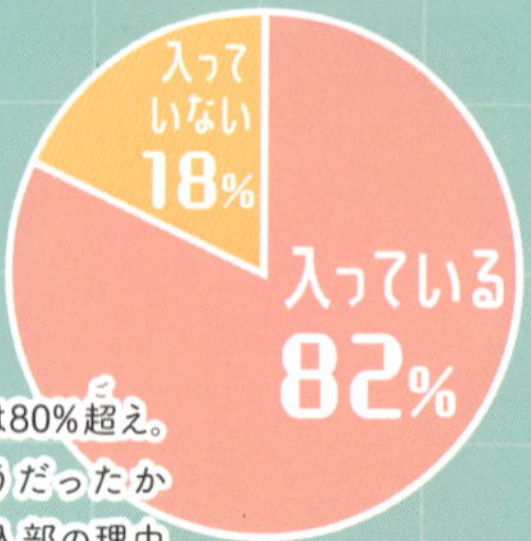

入っていない 18%
入っている 82%

加入率《かにゅうりつ》は80%超《こ》え。「楽しそうだったから」など、入部の理由はさまざま。

文化部

吹奏楽部《すいそうがくぶ》や演劇部などをのぞいて、基本的に土日の練習がない部活が多いから、勉強と両立したい子におすすめ。

美術部

活動日数
平均週4日

活動時間
平均一日
1.8時間

土日の練習

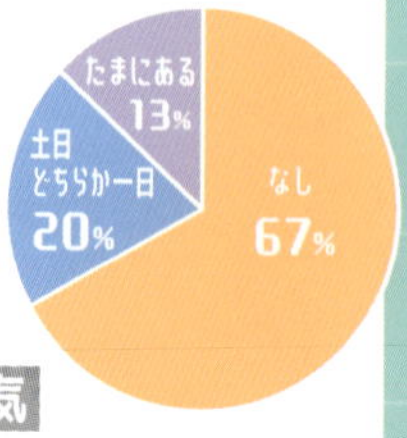

なし 67%
土日どちらか一日 20%
たまにある 13%

部活の雰囲気
アニメやマンガが好きだったり、1つのことに熱中するオタク気質《きしつ》の子が多い傾向《けいこう》。

吹奏楽部

活動日数
平均週4.2日

活動時間
平均一日
2.2時間

土日の練習

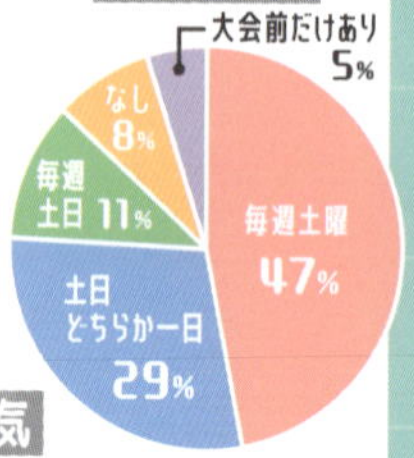

大会前だけあり 5%
毎週土曜 47%
土日どちらか一日 29%
毎週土日 11%
なし 8%

部活の雰囲気
一緒に演奏《えんそう》を作り上げることで仲間とのキズナがアップ。練習は運動部並みにハードなことも。

家庭科部

活動日数
平均週3日

活動時間
平均一日
1.5時間

土日の練習

なし 100%

部活の雰囲気
手先が器用な子が多め。ハンドメイド、料理など、学校によって活動内容が異なるよ。

茶道部

活動日数
平均週1.3日

活動時間
平均一日
1.8時間

土日の練習

なし 100%

部活の雰囲気
茶道《さどう》の作法《さほう》が学べるよ。お茶とお菓子を楽しみながら、先輩と仲よくなれることもあるよ。

運動部

体を動かしたい派におすすめ。練習がきびしい部活も多いけど、そのぶん仲間と青春の思い出が作れるよ！

テニス部

活動日数
平均週4日

活動時間
平均一日
1.9時間

土日の練習

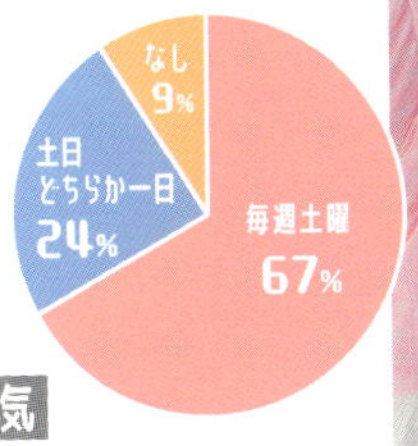

なし 9%
土日どちらか一日 24%
毎週土曜 67%

部活の雰囲気
華やかで人気の部活。明るくて元気な子が多く集まるから、モテ部活というウワサも♡

バドミントン部

活動日数
平均週3.8日

活動時間
平均一日
1.9時間

土日の練習

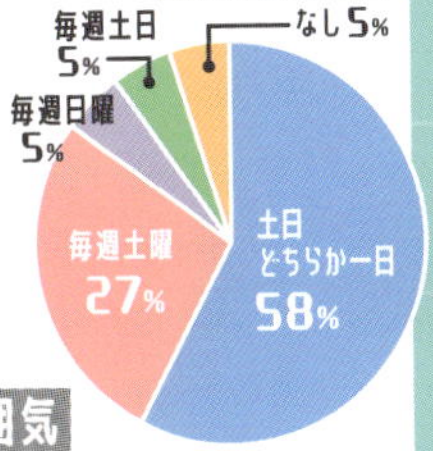

毎週土日 5%
なし 5%
毎週日曜 5%
毎週土曜 27%
土日どちらか一日 58%

部活の雰囲気
運動部だけど、屋内で練習できるから日焼けしにくいというメリットが！

バレーボール部

活動日数
平均週4日

活動時間
平均一日
2.2時間

土日の練習

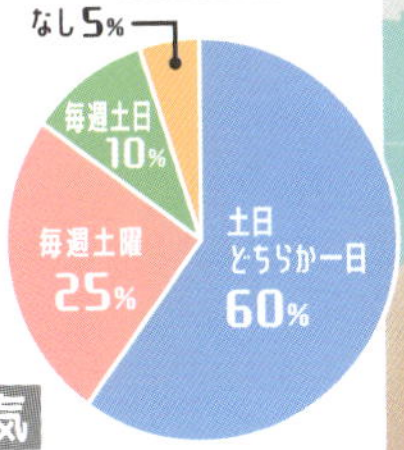

なし 5%
毎週土日 10%
毎週土曜 25%
土日どちらか一日 60%

部活の雰囲気
明るくてテンション高め。練習がきびしい学校が多い反面、部員同士が仲よし♪

卓球部

活動日数
平均週3.9日

活動時間
平均一日
1.9時間

土日の練習

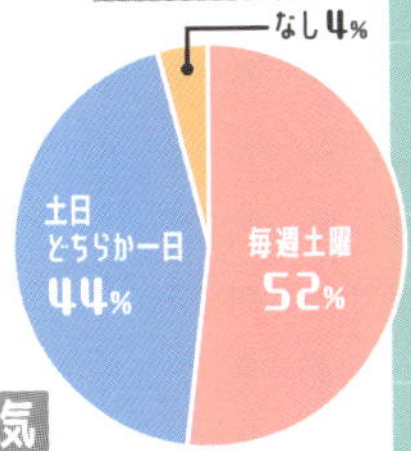

なし 4%
土日どちらか一日 44%
毎週土曜 52%

部活の雰囲気
マジメに取り組めるタイプが多い傾向《けいこう》。コツコツ地道に努力できる子に向いてるかも。

ダンス部

活動日数
平均週3.5日

活動時間
平均一日
2時間

土日の練習

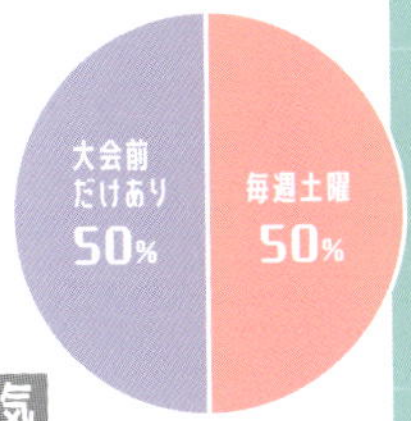

大会前だけあり 50%
毎週土曜 50%

部活の雰囲気
先輩後輩関係は比較的《ひかくてき》ゆるめ。韓国アイドルが好きだったり、同じ趣味《しゅみ》の子が集まりやすいよ。

みんなの恋愛データ

告白方法や彼氏を作るきっかけなど、中学生の恋愛事情を一気見せ！　リアルカップルについてもリサーチしたよ♡

Q 今、彼氏はいる？もしくはいたことある？

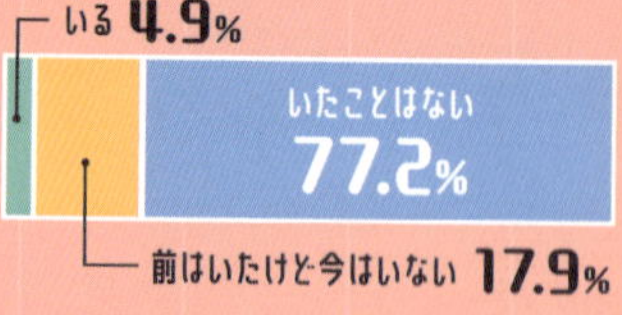

いる 4.9%
いたことはない 77.2%
前はいたけど今はいない 17.9%

「いたことがない」子が大半だから、つきあったことがないのはフツー！

Q 今、好きな人はいる？

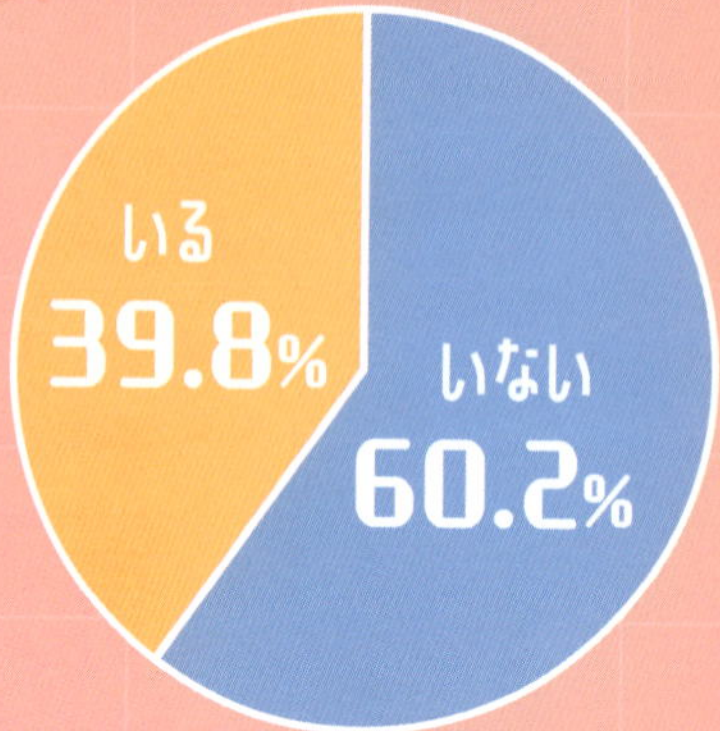

いる 39.8%
いない 60.2%

「いる派」は約40%。好きな人がいると、毎日がハッピーになるよね♪

Q 好きな人とメッセージのやりとりしてる？

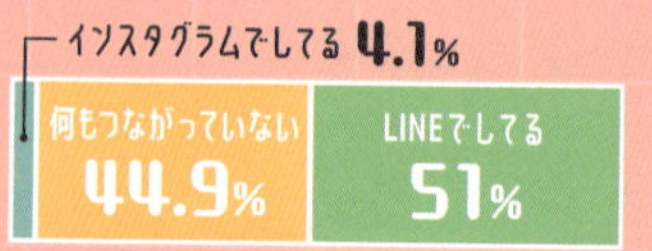

インスタグラムでしてる 4.1%
何もつながっていない 44.9%
LINEでしてる 51%

王道はLINE。クラスLINEや友だち経由《けいゆ》でつながるのがおすすめ。

Q 告白したことはある？

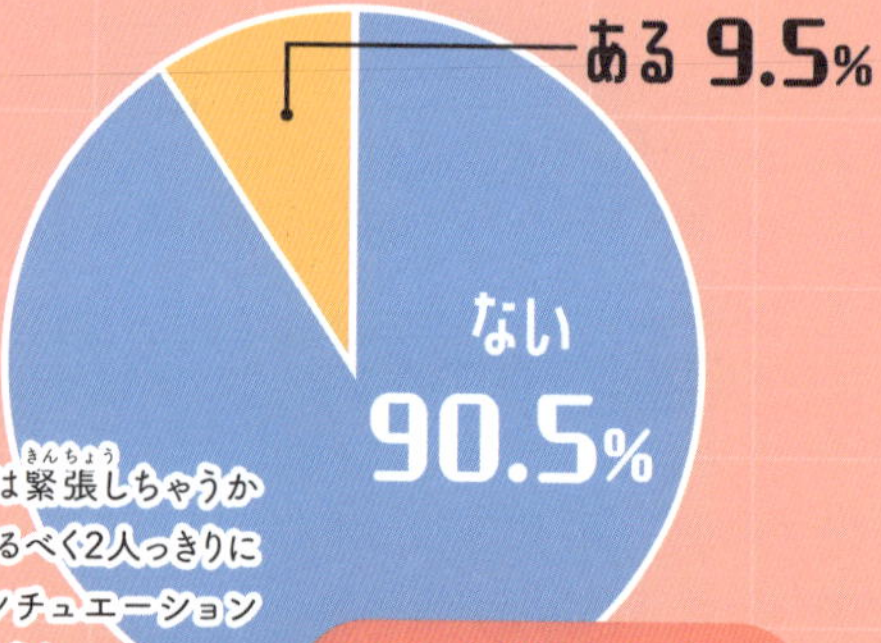

ある 9.5%
ない 90.5%

告白は緊張《きんちょう》しちゃうから、なるべく2人っきりになるシチュエーションを作ろう！

そうじが終わった後の誰もいない教室

教室の前で勢いにまかせて言った！

誕プレを渡すときに「好き」って伝えた

Q 告白されたことはある？

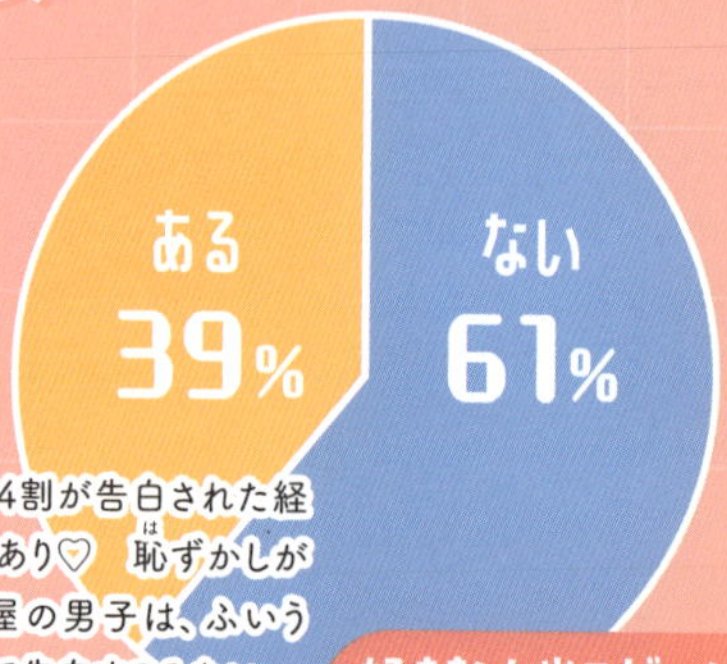

ある 39%
ない 61%

約4割が告白された経験あり♡　恥《は》ずかしがり屋の男子は、ふいうちで告白するみたい。

好きな人当てゲームをしているときに

教室で「お前のこと好き」って言われた♡

LINEやインスタのDMで！

リアルカップルデータ

Q 告白はどっちから？

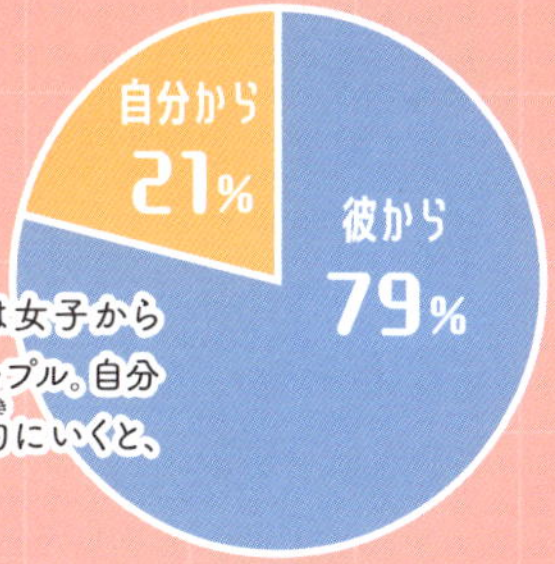

なんと2割は女子から告白したカップル。自分から積極的《せっきょくてき》にいくと、うまくいく!?

Q どこで、どうやって告白された？

部活帰りに「好きだよ」って言われた

中庭で「ずっと好きでした」って♡

LINEで相談とかしてたら、突然！

どれもマンガや映画みたいなシチュエーション！　青春すぎてキュンキュンする♡

実際につき合ってる中学生に質問！

リアルカップルのあれこれ

ラブラブなカップルの関係ってあこがれるよね。リアルな恋の縮《ちぢ》め方も参考になるよ♡

カップルDETA
- 同い年カップル
- 告白は彼女から
- LINEは1日1回ペース

	彼女の答え	彼氏の答え
おたがいの第一印象は？	●かっこいい！！！	●かわいい
今はどんな印象？	●おもしろくて、頭よくて、最高の彼氏です！	●大人しい子かと思ったら、めっちゃおもしろかった（笑）
どうやって距離を縮めたの？	●LINEをいっぱいしたり、直接話す約束もしました！	●スタバに誘《さそ》いました
相手の一番好きなところは？	●気が使えて、ときどき愛を伝えてくれるところ	●かわいくて、おもしろいところ
相手にキュンとしたエピソードは？	●大好きってLINEで送ったら、「オレもだぞ」って言われたこと♡	●「かわいい」って言ったら照れてたこと

みんなのからだデータ

生理や下着のことなど、親や友だちに聞けない悩みがたくさん。
個人差があって当たり前だから、心配しなくて大丈夫だよ。

生理

Q 生理で悩んでいることは？

1 生理痛(腹痛)
2 もれないか不安
3 ナプキンのむれ・かゆみ
4 生理周期がバラバラ
5 デリケートゾーンのにおい

一番の悩みは生理痛。体育や部活で動いたときに、「もれないか気になる」という声も。

Q 生理が始まったのはいつ？

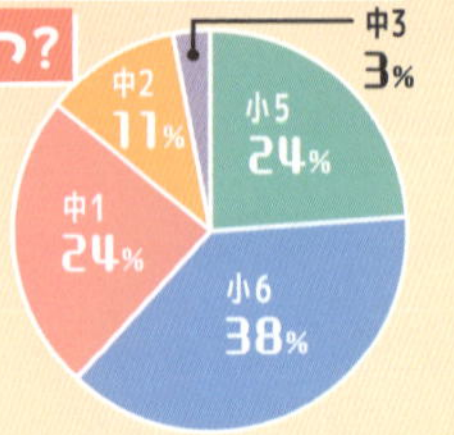

中3 3%
中2 11%
小5 24%
中1 24%
小6 38%

生理が始まった子に質問したよ。もし16歳までにこなかったら、産婦人科を受診してみると安心。

Q 生理の周期は？

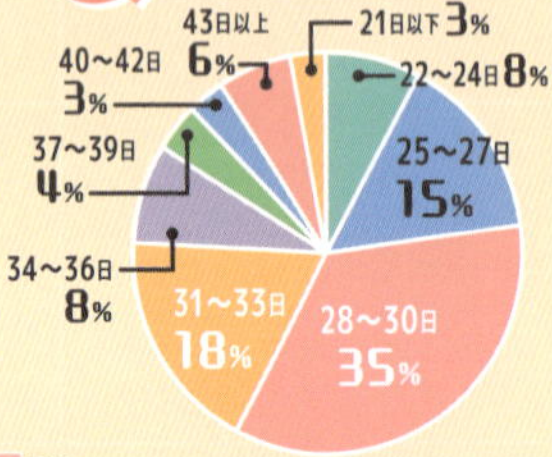

43日以上 6%
21日以下 3%
40～42日 3%
22～24日 8%
37～39日 4%
25～27日 15%
34～36日 8%
31～33日 18%
28～30日 35%

数日のちがいはあるものの、1ヵ月に一度のペースでくる子が多いという結果に。

Q 生理がきたら何日くらい続く？

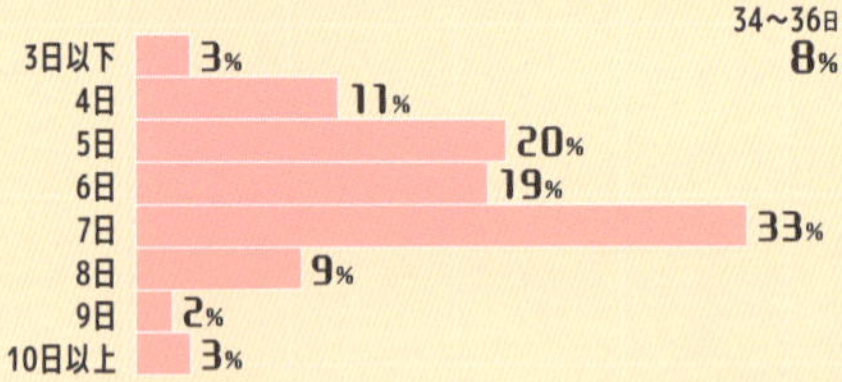

3日以下 3%
4日 11%
5日 20%
6日 19%
7日 33%
8日 9%
9日 2%
10日以上 3%

毎月1週間くらい続く子が多いみたいだよ。月によって期間がちがっても心配しないでね！

下着

Q 下着は上下セット？

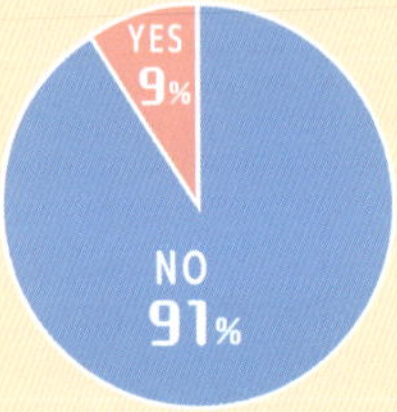

YES 9%
NO 91%

上下別々派が多かったよ。「統《とう》一《いつ》感《かん》があるから好き」とセットで使っている子も♪

Q どんな下着をつかってる？

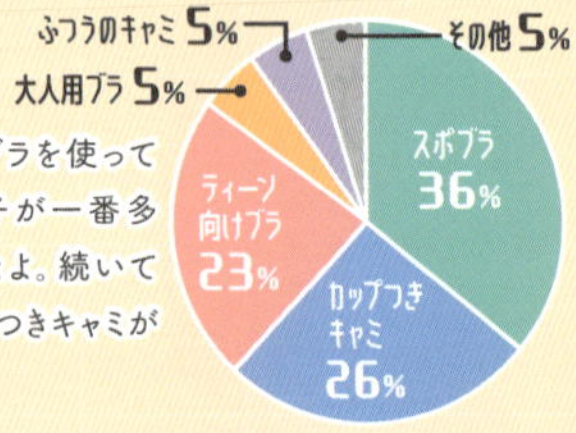

ふつうのキャミ 5%
その他 5%
大人用ブラ 5%
スポブラ 36%
ティーン向けブラ 23%
カップつきキャミ 26%

スポブラを使っている子が一番多かったよ。続いてカップつきキャミが人気。

Q 自分の胸の大きさについて気になる？

大きくて気になる 15%
小さくて気になる 33%
気にならない 52%

「修旅で恥《は》ずかしかった」という小さい派に対して、「体育のときにゆれる」と大きい派にも悩みが。

Q ホックつきブラをはじめて使ったのはいつ？

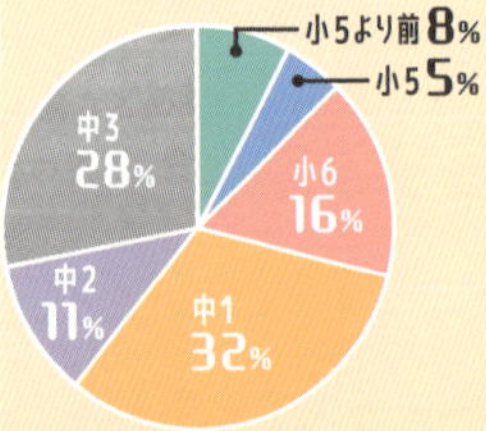

小5より前 8%
小5 5%
中3 28%
小6 16%
中2 11%
中1 32%

小学生まではスポブラ、中学入学のタイミングで下着をアップデートする子が多いみたい。

ムダ毛

Qムダ毛が気になりはじめたのはいつ？

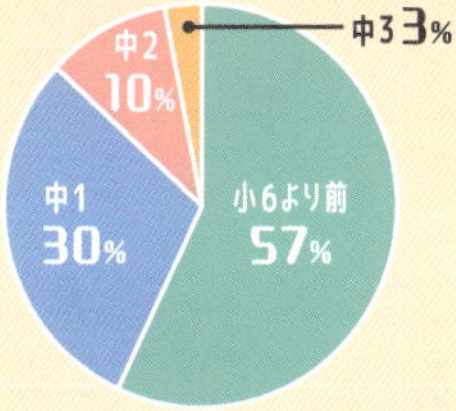

中3 3%
中2 10%
中1 30%
小6より前 57%

小学校高学年から気になり始める子が多数。友だちの目も気になる時期だよね！

Qどこのムダ毛が一番気になる？

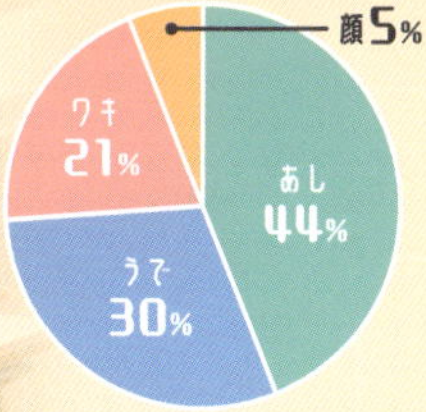

顔 5%
ワキ 21%
あし 44%
うで 30%

目につきやすい「あし」や「うで」はやっぱり気になる。体育のときに「ワキ」が気になるという子も。

Q脱毛について興味ある？

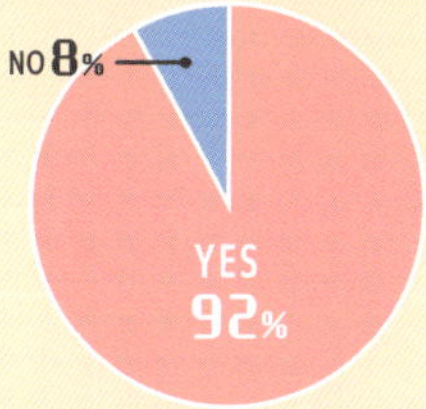

NO 8%
YES 92%

脱毛について気になるものの、実際に脱毛サロンに通っている子はほとんどいなかったよ。

Qアンダーヘアの処理している？

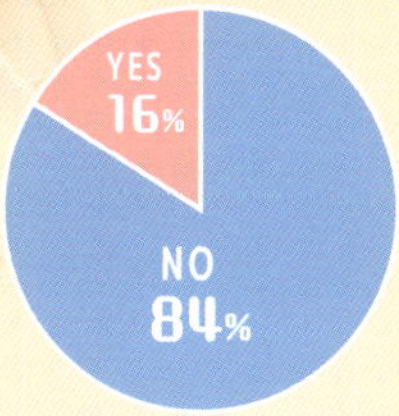

YES 16%
NO 84%

「剃《そ》るのがこわい」という意見が多数。処理してる派は、丁寧《ていねい》にケアしているみたい。

中学生のアンダーヘア処理はOK？

肌のことを考えた方法で！

処理すること自体は問題ないよ。ハサミやシェーバーなど肌をキズつけない方法を選ぶことが大切。

Qどんなムダ毛処理している？

- ♡シェーバー
- ♡カミソリ
- ♡脱毛クリーム

専用のシェーバーやカミソリを使ってケアしている子が多め！

生徒会長・コハナからのメッセージ

みんなで楽しい学校生活を送ろう

ニコラ生徒会長のコハナです！　最後までこの本を読んでくれてありがとう。

友だち関係や恋愛、部活、勉強…と学校生活って本当に悩《なや》みがつきないよね。でもあなただけじゃなくて、みんなそれぞれに悩みがあるから安心して。このヒントブックを読んで、少しでも楽しい学校生活を送ってくれたらうれしいな。

ニコラ学園・生徒会メンバーは、これからもみんなの学校生活をサポートしていくよ。

悩んだときはもちろん、私たちに会いたくなったら、またいつでも気軽に遊びに来てね♡

中学校生活は人生で一度きり！　笑って泣いて、全力で毎日を楽しもうね。

ニコラ学園 楽しい学校生活ヒントブック

2024年9月10日　第1刷発行

監修	「ニコラ」編集部
発行人	土屋徹
編集人	芳賀靖彦
企画・編集	目黒哲也
発行所	株式会社 Gakken 〒141-8416　東京都品川区西五反田2-11-8
印刷所	中央精版印刷株式会社
DTP	株式会社 四国写研

●お客様へ
[この本に関する各種お問い合わせ先]
○本の内容については、下記サイトのお問い合わせフォームよりお願いします。
https://www.corp-gakken.co.jp/contact/
○在庫については　TEL:03-6431-1197(販売部)
○不良品(落丁・乱丁)については TEL:0570-000577
学研業務センター　〒354-0045　埼玉県入間郡三芳町上富279-1
○上記以外のお問い合わせは　TEL:0570-056-710(学研グループ総合案内)